守·望·广·汉

SHOUWANG GUANGHAN
GUANGHAN LIDAI RENWU ZHUANLUE

广汉历代人物传略

广汉市政协文史委编委会 编

四川民族出版社

图书在版编目（CIP）数据

守望广汉：广汉历代人物传略／广汉市政协文史委
编委会编著. — 成都：四川民族出版社，2018.11（2021.9重印）
ISBN 978－7－5409－7350－6

Ⅰ. ①守… Ⅱ. ①广… Ⅲ. ①历史人物－列传－广汉
Ⅳ. ①K820.871.3

中国版本图书馆 CIP 数据核字（2018）第 004003 号

SHOUWANG GUANGHAN   GUANGHAN LIDAI RENWU ZHUANLUE

守望广汉　广汉历代人物传略

广汉市政协文史委编委会　编著

出 版 人　泽仁扎西
责任编辑　张宇明
责任校对　杨雅涵
责任印制　郑　莉
出版发行　四川党建期刊集团　四川民族出版社
地　　址　四川省成都市青羊区敬业路 108 号
邮　　编　610091
照　　排　四川胜翔数码印务设计有限公司
印　　刷　永清县晔盛亚胶印有限公司
成品尺寸　170mm×240mm
印　　张　10.75
字　　数　133 千
版　　次　2018 年 11 月第 1 版
印　　次　2021 年 9 月第 2 次印刷
书　　号　ISBN 978-7-5409-7350-6
定　　价　30.00 元

本书如有印装质量问题，请与本社发行科调换

《守望广汉》编委会

主　任　林　波

副主任　肖铁成　张晓鸿　陈修元

委　员　吴维羲　钟　旖　尹全亮　何　清

主　编　陈修元

副主编　陈永杰

《守望广汉》简介

　　历史需要发现，历史需要书写。发现就是探取历史有价值的部分，书写就是光大传扬历史的闪光部分。守望广汉，就是立足当下，坚守广汉优秀的人文传承，既回眸广汉历史，又瞻望广汉未来。这是一种对历史负责的姿态，也是开创未来的价值选择。

　　《守望广汉》丛书由政协广汉市委员会组织编撰，共五辑，分年度出版。

《守望广汉》总序

林 波

英国历史学家汤因比说："人生存在于时间的深度上，现在行动的发生不仅预示着未来，而且也依赖于过去。"历史感是一个民族或一个特定地区的人群生存的基石和发展的动因。我们虽然活在当下，但承继历史文化，开启未来的方向是我们的使命。

广汉，历史悠久，人文厚重。几千年来，地名更易、政区变迁，源远流长，文脉不断。

广汉是古蜀国都邑所在地，即今之三星堆文化遗址。战国后期，秦惠文王灭蜀，推行郡县制，置雒县。汉初，高祖置广汉郡，雒县属之。汉代，雒县曾长期为益州州治和广汉郡郡治所在地。唐初，建汉州，辖五县，雒为州治所在地。明初，撤雒县入汉州，辖三县。清初，降汉州为单州，不辖县。民国初，改汉州为广汉县。1988 年 7 月 1 日，撤县建市，广汉市成立。

历代广汉人因广汉有"益州门户、蜀省要衢、通京孔道"之称而自豪。1978 年，广汉农村在全国率先实行联产承包责任制；1980 年，广汉在全国第一个摘下"人民公社"牌子，成为中国农村改革的发源地之一。1986 年，"沉睡数千年，一醒惊天下"的三星堆遗址大发现，让广汉为世人所熟知。被誉为"长江文明之源""世界第九大奇迹"和"二十世纪人类最伟大的考古发现之一"的三星堆遗址，成为广汉享誉世界的名片和广汉人永远的骄傲。

历史需要发现，历史需要书写。编写地方文史资料，发挥其"存史、资政、团结、育人"的作用，是政协的一项重要工作。政协广汉市第15届委员会十分重视文史编写工作，决定编撰《守望广汉》系列丛书。这是广汉文史工作的一件大事，是对广汉历史文化的一次重要梳理，希望文史工作者们以高度的历史责任感和认真严谨科学的态度，完成这一意义重大的工作任务。

习近平总书记在党的十九大报告中指出，中国特色社会主义进入了新时代。政协广汉市文史委也应面对新时代、新挑战、新机遇而有新气象、新作为，要立意高远，善作善成，推动广汉文史工作迈向新的台阶。

2018 年 1 月 10 日

（作者为政协广汉市第15届委员会主席、《守望广汉》丛书编委会主任）

广汉历代行政区划变迁记录

公元前201年，汉高祖设置广汉郡，广汉由此得名。2000多年来，广汉行政区划多次变迁，至今仍保留着2218年前的名字，广汉悠久的历史可见一斑。

战国 前285年—前227年，置雒县，县治在今城北五里巷一带，史称"洛县故城"。"洛"通"雒"。

西汉 前201年，置广汉郡，郡治梓潼县（今梓潼县），辖13县。据《汉书·地理志》，广汉郡辖13县：梓潼县、汁方县（今什邡市）、涪县（今绵阳市区）、雒县（今广汉市）、绵竹县（今德阳市旌阳区黄许镇）、广汉县（今射洪县柳树镇）、葭明县（今剑阁县北）、郪县（今三台县郪江）、新都县、白水县（今广元市区、青川县之间）、甸氏道（今九寨沟县境内）、刚氏道（今平武县境内）、阴平道（今甘肃文县境内）。

前106年，置益州，刺史治雒县，领巴、广汉、蜀、犍为四郡。

东汉 36年益州仍治雒县。118年—120年，广汉郡郡治由涪县移至雒县。

188年，益州治所移至绵竹县。

194年移至成都县（今成都市），雒县为郡治，刚氏道、甸氏道和阴平道分出置广汉属国。

据《后汉书·地理志》，广汉郡辖11县：雒县（今广汉市）、新都县、绵竹县、什邡县、涪县、梓潼县、白水县、葭明县、郪县、广汉县（今射洪县柳树镇）、德阳县（今遂宁市区）。

三国 原广汉郡分为广汉郡、东广汉郡和梓潼郡。

广汉郡治雒县，辖雒县、新都县、什邡县、绵竹县。东广汉郡置郪县，辖郪县、广汉县（今射洪县柳树镇）、德阳县（今遂宁市区）、伍城县（今中江县）。

西晋 277年，广汉郡改名新都郡，治所仍在雒县。原东广汉郡改名广汉郡，郡治雒县。283年，广汉郡改属梁州。285年恢复广汉郡，郡治仍在雒县。

东晋 未变。

南北朝 广汉郡改属益州。郡治仍为雒县。

577年，废除方亭县（今什邡市），并入雒县。

隋 581年，废除广汉郡，雒县属蜀郡。雒县治所由五里巷迁至今雒城镇中心，绵竹县治所迁至绵竹市剑南镇。

唐 619年，分雒县，复置什邡县。

620年，分雒县，置德阳县。

686年，于雒县置汉州，领：雒县、绵竹县、德阳县、什邡县、金堂县5县。州治雒县，属剑南道。

742年，改汉州为汉州德阳郡，郡治仍为雒县。

758年，改汉州德阳郡为汉州，郡治及辖县不变。

五代十国 未变。

北宋 汉州领雒县、什邡县、绵竹县、德阳县4县。

965年，改汉州为汉州德阳郡，郡治雒县，领县未变。隶属成都府路。

南宋 未变。

元 1260年，复置汉州。撤销雒县，由汉州直辖原雒县区域。领什邡县、德阳县、绵竹县3县。

1262年，建陕西四川行中书省，汉州属之。

1362 年，明玉珍在蜀称帝，复置雒县。

明　1371 年，省雒县入汉州，领三县。

清　1687 年，降汉州为散州，不再辖县。改属成都府。

成都府辖 3 州：简州（今简阳市）、汉州（今广汉市）、崇庆州（今崇州市）。

中华民国　1913 年，改汉州为广汉县。

1935 年，广汉县属四川省第十三行政督察区（治绵阳）。

中华人民共和国　1949 年 12 月 26 日，广汉解放。

1950 年，广汉县属川西行署区绵阳专区。

1953 年，广汉县属温江专区。

1960 年，撤销什邡县，并入广汉县。

1963 年，复置什邡县。

1983 年 5 月，撤销温江地区，划入成都市，广汉属之。同年 8 月，建立德阳市，广汉县属德阳市。

1988 年 7 月 1 日，撤销广汉县，设立县级广汉市，由四川省辖，德阳市代管。

《广汉历代人物传略》编撰说明

一、起止时间：秦代至当代。

二、地域范围：现在广汉行政区划的范围。

三、分类：按照英烈先贤、政界要人、文化名流、教坛名家、医卫名人和其他进行分类。

四、详略：以人物素材的多寡作为详传或简传的依据。

五、侧重：入选人物以广汉现当代有影响的人物为重点。

六、撰稿：经编委会和编撰人员集体研究讨论，确定编撰体例和入选人物名单，安排专人撰写。

目　录

英烈先贤

政治名人

文化名流

教坛名师

医卫名家

其　他

英烈先贤

侯橘园

侯橘园，字鸿锁，别号菊言。1876 年出生于
汉州新丰乡。1906 年 2 月，自费赴日本早稻田大
学求学，学习期间加入孙中山组织和领导的同盟
会。同时，革命党人秋瑾、蔡元培、徐锡麟等以
联络会党反对清朝统治为宗旨，组织大同学社，
侯橘园加入大同学社。侯橘园于辛亥革命前奉命

侯橘园

回国参加革命工作，先在上海、江浙一带从事革命活动，后回四川。
侯橘园回到汉州，邀约其大伯父侯岷波（清代廪生）和邑人周庆云
（清代解元）在向阳场创办岷华庆纸厂，以作联络掩护。

甲午战争后，全国逐步掀起了建设铁路的热潮。20 世纪初，为
了反抗帝国主义掠夺中国铁路主权，由四川留日学生首倡，经四川总
督锡良奏请，1904 年在成都设立川汉铁路公司，第二年川汉铁路公
司改为官商合办，1907 年改为商办。

1911 年 5 月，清政府宣布宣统三年（1911 年）前所有集股商办
的干线，必须由国家收回。新上任的邮传部大臣盛宣怀起用了前不久
被免职的端方为督办大臣，并强收川汉、粤汉铁路为"国有"，旋与
美、英、法、德四国银行团订立借款合同，公开出卖川汉、粤汉铁路
修筑权。此举激起了湘、鄂、粤、川人民的强烈反对，保路风潮随之
兴起。清政府劫夺商办铁路的"上谕"传到成都，担任四川省咨议局
和川汉铁路公司要职的立宪派绅商立即写文章、发通电、开会演说，
指责铁路国有政策违背法律程序，未经咨政院决议，并痛陈取消商办

铁路是"务国有之虚名，坐引狼入室之实祸"，强烈要求清政府俯顺民情，收回成命，维持商办。

6月13日，丧权卖国的"四国借款合同"寄到成都，原来赞成"国有"的立宪派，转向了"保路"的立场。6月17日，由立宪派绅商发起，在成都岳府街铁路公司召开大会，成立"四川保路同志会"，号召全川人民"破约保路"。不久，成都以外地区也陆续成立"保路同志会"。9月7日，四川64个县成立了"保路同志会"。

在各地组织保路同志会的过程中，秘密的哥老会会员得到公开活动的机会，同盟会的革命主张也不断渗透到群众中。与此同时，新任四川总督赵尔丰带着"从严干涉"的命令来到成都，成都群众8月24日开始了罢市、罢课、抗粮、抗捐的斗争。

清政府为了维护其统治，一面命端方率领鄂军入川"认真查办"，一面令赵尔丰"切实镇压"，并制造了骇人听闻的"成都血案"。

赵尔丰镇压四川保路运动的暴行，引起了各州县哥老会头目的愤慨。成都血案的消息传到汉州后，群情激奋。侯橘园抓住时机，以保路为号召，大力宣传鼓动。他加入本乡向阳场的哥老会，与向阳场的邓禹文、张华镇的张命之密切联系，联络三水关的向玉如和外县哥老会首领孙泽霈等，策划革命，并组织进步青年李翰章、向北高等，在教育界开展宣传组织活动。

侯橘园又与汉州哥老会总舵把子、团练局长廖廷英商洽，于1911年7月中旬的一个逢场日，在县城武庙内召开民众大会，侯橘园亲书"汉州同志会"大字标语，在会场上慷慨陈词，剖析路权必须保护和同志会、同志军必须组织起来的道理，揭发邓秀之从保管铁路款项中贪污的种种劣迹。大会当场宣布汉州保路同志会和保路同志军成立，推举廖廷英为会长，侯橘园为名誉会长。汉州哥老会首领邓禹文、邓儒轩、张天保、曾列五、刘松如等参加，并推举张天宝、邓禹文为代表赴成都与四川保路同志会联络。

汉州保路同志会与同志军成立之初，对来往驿传、公邮严密监视。北京前来的公邮途经汉州，在城北五里巷截获，内有宣统皇帝"着锡良任钦差大臣赴川协助剿乱"谕旨。不久，又查获赵尔丰驰送北京奏请对已拘捕的四川保路同志会会长蒲殿俊、副会长罗纶等9人的处理札片。

7月23日，一支奉令从德阳赴成都增防的清军50余人，行至向阳镇筲箕坡时，见有袍哥把守，不敢强行通过，清军哨官正谋求交涉，侯橘园便上前自我介绍："向阳场的坐堂大爷是我，保董也是我，你们要想通过可同我到前面东岳庙去谈。"哨官跨进庙门，侯橘园奋力夺得哨官腰刀，杀死哨官，急命埋伏的同志军围歼清军，田间农民纷纷参战，打死清军十余人，其余清军被张天宝、邓禹文率众擒获处死。

7月24日，赵尔丰派兵到向阳镇压，同志军和民众早已疏散，东岳庙主持因未藏匿，被清军砍死在庙内。清军到张华镇，搜遍村落找不着人，便将本地乡约邓樊成的住宅纵火焚毁。

保路风潮迅速由同志会的文明争路演变成全川同志军的武装大起义。七八天的时间，逼近成都的起义军达20万之众。起义军砍断电杆，阻截交通，扼守要道，与清军战斗数百次，多次重创清军。起义军围攻成都，赵尔丰既要防内又要攻外，顾此失彼，狼狈不堪，急切通电求援。电文传至北京，清政府决定派鄂、湘等6省援军赴川。

汉州同志军经侯橘园联络，约定各场镇同志军于7月底在三水关集合，然后开赴成都。但三水关向玉如只是表面应承，却紧闭栅门，同志军只好退驻附近祈水寺。侯橘园为安定人心，于次晨集合队伍讲话，却被"秦老皮"举枪击中，当场壮烈牺牲。

侯橘园牺牲后，汉州的保路活动愈显活跃，同志军也日益扩大，

达到 2000 余人。汉州同志军扛着长矛、大刀、火铳、梭镖，高举"汉州保路同志军"的黄蓝旗帜，在张天宝和邓禹文率领下进驻成都驷马桥，配合各州县同志军合围成都。鉴于成都一时难以攻下，汉州同志军决定改变战略，留下部分兵力继续围城，其余同志军分兵进攻各府州县，将反清烈火引向全川。

全川同志军的起义加速了全国革命高潮的到来。清政府派湖北新军前来四川镇压，造成武汉防务空虚，这为武昌起义的成功提供了必要条件。

（陈立基　撰稿）

安晋彦

安晋彦，号硕鹏，别号伯威，1910 年出生于广汉县城。幼时读过几年私塾后，便当学徒谋生。1923 年考入广汉职业师范学校半工半读，在校期间，经教师李向高的介绍加入中国社会主义青年团。1926 年考入广汉师范讲习所，毕业后，在高宗寺学校和市政公所等单位任职。1930 年春，安晋彦到广汉女子中学任稽

安晋彦

查，同年加入中国共产党。1930 年 10 月 25 日参加中国共产党领导的"广汉起义"，起义失败后英勇就义。

1927 年夏至 1928 年春，中共四川省委和共青团省委，先后派干部到广汉县从事党的活动，在广汉驻军和广汉中学发展党、团员，相继建立了党、团的地下组织，1928 年 2 月，成立了中共汉州特别支部。1929 年 3 月，广汉的党员人数达到 50 多人，经省委批准将中共汉州特支改建为县委，由省委直接领导。早期几任县委领导赖明果、陈震、张剑横，都是广汉中学的教师。

广汉中学党、团支部，组织领导学校工友开办夜校，读讲进步书刊、报纸，进行革命宣传教育活动，很早就加入了共青团的安晋彦，积极投身到这些革命活动中。

1929 年秋末冬初，中共广汉地下县委、共青团发动学生，组织了反帝大同盟，开展反帝群众斗争，在"双十节"当天，以广汉中学学生为主，发动全县各校学生 300 余人上街游行，贴标语，散传单，

高呼"打倒帝国主义""打倒军阀"等口号。安晋彦经常在校内宣传马列主义，在校外组织夜校，编演进步文艺节目，在进步青年、学生中开展工作。

1930年下半年，广汉驻军第二混成旅中的党、团组织发展情况良好，党员已发展到200多人，广汉成为全川当时革命形势最好的地区之一，这为轰轰烈烈的广汉起义打下坚实的基础。

1927年，蒋介石在上海发动了四一二反革命政变。数以万计的中国共产党人和革命群众倒在血泊之中，轰轰烈烈的大革命运动失败了。在此紧要关头，中国共产党召开了"八七会议"，决定在全国各地发动武装起义，广汉起义就是革命斗争的其中之一。广汉起义虽然规模不大，但革命先烈为了追求共产主义真理而英勇献身的精神，永放光芒。

1930年7月，曹荻秋经四川省委和川西特委指派来到广汉，公开身份是广汉中学训育主任。1930年9月，中共四川省委和川西特委通知成立中共广汉行动委员会。10月24日，成立前敌委员会，又称"暴动委员会"，由廖恩波、刘连波、曹荻秋、徐昭俊、廖宗泽五人组成。1930年10月25日夜，在中共四川省委、川西特委的领导下，声震全川的广汉起义爆发了，这次起义是在第二次国内革命战争时期，继1926年刘伯承同志领导的顺泸起义之后，四川又一次规模较大的武装起义，车耀先、罗南辉等都曾参与这次起义。选择广汉进行起义，是中共四川省委经过认真研究并上报中央后确定的。

广汉中学有多名老师、教工和20多名学生参加了广汉起义，起义前夕，安晋彦同李司克先后四次深入工人群众中做动员组织工作，刻印文件、传单和标语，为起义做准备。

起义确定以广汉中学敲响铜钟为武装暴动的信号。当时广汉县城半夜前停电，街道黝黑、行人极少。广汉中学校工、共产党员王肇修按照预订计划，翻墙入校，登上钟楼，在晚上 11 时敲响铜钟，钟声穿过暗夜，全城响起了枪声。10 月 25 日起义当晚，安晋彦负责放火烧毁警察局旁的草房以牵制敌人。

26 日拂晓，起义部队控制了广汉全城，中西街老君观的起义军总指挥部繁忙而整肃，一项项革命举措从这里发出，指挥部门前设置了招兵站，吸收群众参加红军，街上贴出了"安民告示"指挥部派出的镇压组，又分头逮捕了一批官僚豪绅。起义军砸开了县监狱，释放了无辜群众。安晋彦和宣传队员们在街头贴出盖有"广汉县苏维埃政府"印章的布告，宣传队三五人为一组，手执镰刀斧头鲜艳红旗，遍街张贴"打倒军阀割据的非法统治！""建立人民民主的苏维埃政权！""打倒土豪劣绅！""中国共产党万岁！"等革命标语。随后商店陆续开业，居民相继上街，在各主要街口起义军登台向群众宣讲共产党、红军的政策和革命道理，以及举行起义的目的和意义。当时留下的一张传单上写着："战鼓咚咚夜正深，自由之路照红灯，咱们兄弟齐前进，革命沙场好练兵。"

26 日下午，总指挥部召开了工农兵代表大会，选举产生了广汉县苏维埃政府，曹获秋暂代主席。苏维埃政府立即发布了一切权利归人民的政策法令，街上张贴了《广汉县苏维埃政府的布告》。下午 4 时，在广汉公园大操场上隆重召开了起义军官兵大会，宣布中国工农红军第一方面军第二十六军第一路军正式成立。广汉离成都太近，属反动派势力强大的区域，按事先的部署，起义的红军主动撤离广汉，准备到绵竹一带的山区开展游击战争，起义军从广汉出发，经什邡，转战绵竹等地，安晋彦沿途积极开展宣传活动。在国民党重兵的围追堵截下，起义军进攻绵竹县城失利。广汉行动委员会为了保存革命力量，果断决定起义官兵分散转移，转入地下活动，坚持斗争。安晋彦按照党组织转移的部署，和两位宣传队员一道回到广汉，在北外乡舅

父家中隐蔽。

在广汉，国民党反动派成立了"清共委员会"，对起义进行了血腥的镇压，仅两个月就逮捕关押百余人，其中有共产党人 23 人，其中十数人惨遭杀害。回到广汉的安晋彦，两天后，不顾个人安危，同舅父外出探视情况，不幸被捕。其舅父立即转回告诉隐蔽在家的两人转移。

安晋彦在狱中，遭受了百般折磨，他始终坚贞不屈，视死如归。1930 年 12 月 4 日，安晋彦在县城牛市坝英勇就义，年仅 20 岁。1950 年 5 月，经川西行政公署批准，安晋彦被授予"革命烈士"的称号。

现存安晋彦手书 6 篇，其中书写有："军阀手中铁，工农头上血；头可断，肢可裂，精神不消灭""务使国内无废人，国外无奇耻，务使社会无穷人，人民无阶级""英特纳雄耐尔一定要实现""一腔热血勤珍惜，洒去犹胜化碧涛"等。

安晋彦等"广汉起义"牺牲英烈的精神万古流芳！

（陈立基　撰稿）

缪嘉文

　　缪嘉文，字景吾，1902 年 2 月出生于今广汉向阳镇，先后就读于广汉县立中学初中十班、四川省立成都高级工业学校。1926 年毕业于四川大学工学院。1938 年 3 月 17 日，在保卫滕县的战役中壮烈殉国。

　　缪嘉文在广汉复兴场海晏小学上学时就显露其敏而好学的品质，后就读于省城高校，逐渐产生了强烈的爱国情怀，并立志要走实业救国的道路。在四川大学工学院学习期间，缪嘉文以救国为己任发奋学习，并以优异成绩毕业。强烈的爱国心，促使缪嘉文一毕业就开始坚定不移地实现建设家乡、实业救国的理想。

　　1927 年，缪嘉文被任命为广汉县实业局长。他充分发挥自己的才干，努力报效家国。他任职的第一年，就在广汉创办了广汉缫丝厂和城西沙河桥农场，迈出了自己理想的第一步。缪嘉文成为广汉近代发展工业的一个开路先锋。1928 年，他被四川省实业厅委任为四川省特派员及赴京（南京）沪实业调查员，领队赴京（南京）、沪、江、浙等地考察。这一趟考察使缪嘉文大开了眼界，缪嘉文进一步看清了近代工业对拯救和振兴国家的重大作用，更加坚定了实业救国的信心。考察归来，他因地制宜、大力发展本县工业，兼任第一平民工厂厂长，又兴办了大米加工厂、火力发电厂等小型工厂，这些举措有效地促进了广汉的近代工业的发展，对推动四川民用工业的发展也起到了积极作用。

　　九一八事变后，在中华民族生死存亡的紧要关头，缪嘉文毅然抛下自己辛辛苦苦开创的事业，弃业从军。1934 年，经陈离和曾甦元介绍，他进入川军 125 师，先后任团政训员、旅政训员。他发挥自己的优势，积极在部队宣扬家国情怀和抗日思想，激发将士们的抗日斗志，缪嘉文所在部队的抗日热情空前高涨。

1936 年缪嘉文奉调庐山受训，1937 年 2 月，升任 124 师政训处长。七七事变后，川军奉命出川抗日。缪嘉文在出发前回家安排家事，适逢母亲病重，家人劝其缓行，他不顾家人劝阻，义无反顾地奔赴抗日前线，留下了"国难当头，匹夫有责！我们作为军人，保卫祖国是我们的天职"的豪言壮语。

1937 年冬，缪嘉文随军转战晋西、鲁南，他从山西前线寄回的家信中说："近月余来，我们部队连续在榆次、阳泉、寿阳、娘子关一代与日寇作战，将士们士气高昂，十分骁勇，几次冲入敌军阵地用刺刀与敌人拼杀，打灭了日寇的威风……但武器装备太差，人员伤亡很大，我们每个中国军人都抱有为国牺牲的信念，就是牺牲了也是光荣的。"在看似平静的叙述中，缪嘉文已然豪情满怀、视死如归。

1938 年 3 月，川军组成的第 22 集团军奉命固守滕县，阻击日军南下徐州。缪嘉文从前线寄回给家里的信说："我们的部队已进驻滕县附近，深受老乡们的爱戴，他们支援物资，杀猪慰劳，给我们官兵很大的鼓舞，增加了我们的勇气和信心。"1938 年，日本侵略军沿津浦路，先后占领兖州、邹县，3 月 14 日开始向滕县进犯。

在滕县保卫战中，中国军队由抗日英雄 122 师师长王铭章为前方总指挥。在滕县人民的大力支援下，坚守了 4 天半，迟滞了日军的行动，打乱了日军的作战计划，为中国军队集结并取得台儿庄大捷赢得了时间。滕县保卫战中，中国军队共毙日军 2000 余人，但中国军队也付出了惨烈的牺牲，师长王铭章牺牲，部下将士死伤近万人，守军几乎伤亡殆尽。3 月 17 日，隶属于 124 师的缪嘉文在滕县保卫战中，为祖国的尊严和挽救中华民族的危亡壮烈殉国，他用鲜血和生命践行了"天下兴亡，匹夫有责"的庄严承诺。

当时，在徐州听到这一消息的美国记者安娜·路易斯·斯特朗流下了感动的泪水。她在文章中这样描写自己的感受："太伟大了，这些黄皮肤的中国兵实在了不起！今天我才真正懂得，要征服这样一个倔强民族是不可能的。"中国军队在滕县的顽强抵抗大大超出日军的预料，中国军队重挫了日军不可一世之骄妄气焰。李宗仁在其回忆录中这样写道："若无滕县之死守，焉有台儿庄之大捷？台儿庄之战果，实滕县先烈所造成也。"

1941 年 7 月 7 日，广汉"抗日阵亡将士纪念碑"在广汉公园内落成，广汉政府举行了公祭。据《广汉县志·抗日阵亡将士名录》记载：阵亡将士共计 258 名，牺牲的地点遍布全国 10 多个省市，甚至还有缅甸。在众多的烈士中，缪嘉文烈士是其中最杰出的代表。1938 年，民国政府联合勤务总部抚恤部将缪嘉文列入《中华民国忠烈士姓名录》中，其英名镌刻在广汉市房湖公园内的"抗战阵亡将士纪念碑"上。

1988 年 6 月 10 日，中华人民共和国民政部为缪嘉文颁发了"革命烈士证明书"，证明书上方高悬国徽，国徽两边各三面红旗，正文是："缪嘉文同志在对日作战中壮烈牺牲，经批准为革命烈士，特发此证，以资褒扬。"1989 年 3 月 17 日，广汉市人民政府在广汉市龙泉山公墓举行了"缪嘉文烈士纪念碑"落成典礼。

（陈立基　撰稿）

段茂林

翻开《广汉县志》，在《抗日阵亡将士名录》排序第二位，记着："姓名：段茂林。出生时间：光绪二十四年（1898 年）。级职：上尉。所在部队或机关：五军二野战补充七连。牺牲时间：1940 年 1 月。牺牲地点：广西。"在广汉市房湖公园内的抗日阵亡将士纪念碑上，也刊刻着段茂林的英名。

段茂林，原名段希柏，生于 1898 年，自幼受家风的熏陶接受儒家传统教育。中华民国初年，还不满二十岁的段茂林为了实现自己的理想，投笔从戎，先后在川军田颂尧部任下士、上士、排长等职。行伍生涯虽苦，但他吃苦耐劳，苦干实干，认真参加训练，成绩可观，五年之内就由一名新兵，成为田颂尧部最年轻的排长。当了军官，却未能让段茂林如愿。最让他难以忍受的是要他带兵去同共产党领导的红军作战，于是段茂林愤而离开川军田颂尧部，1933 年回乡务农。

回乡半年后，在段家私塾老师和亲友的劝说下，段茂林考入军官学校（校址在今成都北校场），第二期结业后，由于成绩优异，调驻南京，他重新成为一名军人，做了一名下级文职军官。

七七事变后，段茂林积极请战，要求赴前线同日本侵略军作战，经批准，奉调国民革命军五军二野战补充七连，开赴抗日前线。他英勇杀敌，屡立战功，很快就晋升为上尉连长。1940 年 1 月，在广西桂林八塘湾与日军激战，壮烈牺牲，为国捐躯，时年四十二岁。段茂林为自己"报效祖国，造福桑梓"的理想，为保卫祖国，为捍卫伟大的中华民族的尊严而献出了宝贵生命。

（李成元　撰稿）

栗学富

栗学富，辽宁省宽甸县人，1930年9月出生。1948年5月参加解放军，在第四十六军一三六师四〇六团三连当战士，平时工作积极，战时勇敢顽强。1949年随部队攻打天津，担任连队的联络员，并出色地完成了联络任务。

抗美援朝期间，栗学富带领全班战士主动向领导要求突击任务。他带领全班战士顶着炮火冲锋，炸毁了地堡，占领了阵地，敌人疯狂反扑数次，都被打了下去，战斗持续了一整夜。到天亮时，他鼓励大家要与敌人奋战到底，决不投降。在整个战役中，栗学富率领全班战士英勇奋战，歼敌623人，在全班战友牺牲的情况下，他一人坚持到最后胜利，受到了志愿军总部奖励，荣立一等功并被评为二级战斗英雄，朝鲜人民民主共和国授予他一级国际勋章。

1953年9月，栗学富任二连副排长。1954年6月调至师教导队学习文化，先后在志愿军四十六军一三六师教导营三连、第二步兵预备学校三营八连以及北碚步兵学校一营二连当学员。

1958年7月，栗学富被安排担任广汉武装部训练科助理科员，后又担任武装部副部长、部长。

1959年，栗学富被派到广汉城关民办中学做基干民兵排教官。栗学富训练民兵排的师生队列操练、步枪打靶，教授六〇炮的拆装和发射知识。

1961年六一儿童节，广汉剧场举行城关七所小学少先队联合大队活动，栗学富受邀宣讲他的英雄事迹。事后广汉各中、小学纷纷来

请他做报告。他的演讲使广汉中小学校上万学生都受到深刻的爱国主义教育。

1972年，广汉县为根治坪桥河水患成立了"治理坪桥河指挥部"，广汉县委副书记舒治良和广汉武装部副部长栗学富，担任正、副指挥长。原计划在春季汛期以前疏通全部河道，但是北外乡有一户谢姓搬迁户的院墙有一部分在应疏通的河道中间而拒绝搬迁。经过栗学富多方做工作，该搬迁户终于答应搬迁，河道得以按时疏通。

栗学富同志始终没忘记他初到广汉的愿望：照顾牺牲战友的亲人，每月从工资里抽出百十元钱，在年末岁尾或者青黄不接的时候给这些战友亲人家里送去，几十年来已送出十多万元。

栗学富同志于1983年离休，2005年5月2日因病去世，享年75岁。

（曾斐特　撰稿）

蒋春信

　　蒋春信，又名蒋泽民、蒋修临，生于 1917 年 3 月 22 日，广汉新丰镇人。1934 年随兄赴北平求学，先后就读于竞业中学和民国大学附属中学。1936 年 10 月，经同学李复尧介绍，蒋春信参加了中共的地下组织"中华民族解放先锋队"（以下简称"民先"）。他组织同学阅读进步书籍和报刊，并利用星期天学习世界语，后被选为学生会常委，组织同学参加"一二·九"学生运动。12 月 12 日上午，又组织同学参加了第五次示威游行，蒋春信和其他"民先"同志集合全校同学跟着北京大学师生出发，到西城与法商大学和师范大学师生一起游行。后与清华大学、燕京大学、华西大学、东北大学等校师生以及北平市的中学生队伍汇合，游行队伍齐集景山广场，游行一直延续到下午两点多钟。

　　1937 年 11 月，由"民先"介绍，蒋春信等七人前往延安抗大学习。到延安后，蒋春信被分在抗大三期三大队学习。1938 年 2 月，蒋春信在抗大加入了中国共产党，毕业后又参加了第四期一大队学习，第四期一大队是一个军事大队，由胡耀邦同志任政委，苏振华同志任大队长。军事大队学习结业后，组织上决定让蒋春信到马列学院学习。马列学院学习结束后，组织上批准他上前线的申请。9 月，蒋春信随贺龙部队东渡黄河，被分配到山西八路军总部野战政治部组织部巡视团任巡视员。同年冬，蒋春信调太南分区赵基梅支队政治部组织科任干事。

　　1939 年春，蒋春信赴晋东南陵川县任华北军政干部学校指导员、

政治处主任。根据北方局杨尚昆同志指示，日本侵略军可能发动一次大扫荡，太北、太南有被切断的可能。为了加强党的领导，北方局决定太南地委和抗大分校党委共同成立一个工作委员会，统一领导太南的党政军民工作，准备反扫荡。太南地委组织部长张晔要求蒋春信将这一指示亲自交给抗大分校杨奇清政委，经过艰难曲折，蒋春信和五位干部终于在平顺地区找到了杨奇清，完成了这次任务。

1939年8月，蒋春信调河南修（武）、博（爱）、武（涉）中心县委任组织部长。1940年春，他奉命撤退至河南林县，任豫北地委秘书长。同年8月，调山西太南根据地平北县委任组织部长，他带领工作队在北县阳高村贯彻党中央在抗日根据地实行"三三"制政权试点工作，并在试点村获得成功，后调任太南地委任宣传部、干部教育科长兼地委党校教育科长。

1942年5月，日本侵略军向太北根据地辽县进行大扫荡。刘伯承司令员命令太南分区组织反扫荡，在邯长公路上选择有利地形伏击敌人。为了配合正规部队作战，地委抽调一批同志到县协助组织反扫荡工作。蒋春信被派往潞城县委代理宣传部长兼二区教导员，他和县武装部接到命令，在二区集合20个村的民兵与担架队在邯长公路上分十处挖坑。主力部队经过一个多小时的战斗打死五十多个日本鬼子，伏击部队无一伤亡，缴获不少枪支弹药和衣物。

1942年冬，蒋春信在太南地委宣传部干部任教育科长时，组织上又调他去延安的中央党校学习。

1945年春，蒋春信随王震南下支队到豫皖边区，担任湖北黄冈中心县委组织部长，7月，撤退后调任鄂东地委组织部干部科长，同年冬，任陈少敏的秘书，后改任组织部干事、干部招待所所长。1946年6月参加中原突围，任中原军区一纵队三旅九团政治处组织股长，11月，国民党部队向根据地进攻，一纵部队转移到二区境内，他奉命在钟谷庙地区为部队筹集军粮时被敌军俘虏，被押送至湖北老河口仙人渡的武汉行辕青年训导总队。1947年5月，经亲戚具保，蒋春信被支遣释放。他出狱后，立即到武汉寻找党组织，按照隐蔽指示，回到广汉老家。

1949年冬，蒋春信与广汉民盟组织取得联系，在中共地下党员袁义生的领导下，继续从事革命活动，对广汉部分反动党团和伪军警宪特头目进行调查，对特务陈益民阴谋破坏进步力量的情况及时向民盟做了汇报。他接受中共地下组织和民盟联合工作委员会的派遣，以《约法八章》为准则，正式与侯少煊谈判，促使侯少煊起义，广汉获得和平解放。

1949年12月26日上午，解放军180师师部从德阳到达广汉县城。广汉联工委组织了民众对解放军的盛大欢迎仪式。中午，师保卫科长马俊杰与团保卫股长贾耀先在县城西街老君观内召集广汉联工委的张仁杰、蒋春信、邓伯海、陈先正、欧洪庸等人，了解广汉的社会情况。

中华人民共和国成立后，蒋春信重新参加工作，1950年被任命为广汉县城关区副区长，后被抽调为县委工作组成员，到复兴、北中兴、南中兴等乡搞中心工作。1958年下放复兴、西外劳动锻炼，1960年调至什邡永兴水泥厂任保管员。1962年9月调任广汉西外粮站任保管员，"文化大革命"期间，被定为"叛徒"开除公职，留机关监督改造。蒋春信于1978年10月退休，1982年12月13日，经温江地委组织部批准，将他参加革命工作时间更改为入抗大学习的1937年11月，并将退休改为离休。1984年11月，经广汉市委组织部复查，报经德阳市委批准，恢复蒋春信党籍，党龄从1938年5月转为正式党员之日算起，并享受红军待遇。1987年11月18日，蒋春信病逝于广汉，享年70岁。

（陈立基　撰稿）

李司克

李司克

李司克，1912年出生，四川江安县人。1930年党组织派他来广汉工作，以女中校英语教师身份作为掩护。1930年5月至10月李司克负责中共广汉县委组织部工作，密切配合中共广汉军事特别支部行动，加紧进行武装暴动的准备，10月25日广汉起义当晚在县政府墙边放火牵制敌人。

广汉起义失败后，李司克于11月初被捕，在狱中受尽酷刑，11月8日在广汉英勇就义。

（庄公白　撰稿）

邓兴崇

邓兴崇，1914年8月22日出生于广汉市向阳镇。1952年夏，邓兴崇与6户农民组成广汉县第一个互助组，后来又组成广汉第一个"初级社"和"高级社"，担任社长，后被选为光明村支部书记，省人大代表和省劳动模范，并参加劳模表彰大会。1968年邓兴崇任广汉县革委会副主任。1991年8月16日因病去世，享年77岁。

（庄公白　撰稿）

李淑玉

李淑玉，1930年出生，四川广汉人。1943年考入广汉女子乡村师范读女子班，毕业后在广汉城关教小学。1951年调广汉县文化馆工作，后任馆长，县文化馆任职期间，积极推广农村文化工作。李淑玉因为工作出色，被选为全国文化群英会的代表，于1959年赴北京出席全国文教群英会，先后受到毛主席、朱总司令和周总理接见。后任广汉县文教科副科长，1964年任温江艺术剧院支部书记。1982年因病退休，2002年去世。

（庄公白　撰稿）

杨秀玉

杨秀玉，生于1916年，四川巴中县人。1933年入伍参加红军，1934年入党，历任护士长、卫生队长、卫生大队长，疗养院、军分区卫生所长。

杨秀玉他先后参加平型关战役、百团大战等，并荣立三等功。中华人民共和国成立后，任广汉人民医院院长，1983年离休。杨秀玉离休15年，依然坚持为群众义诊。1998年11月14日病逝，享年82岁。

（庄公白　撰稿）

王佩章

王佩章于 1911 年出生，四川广汉人。1933 年步行到南江县参加红军，在红四方面军历任战士、班长、排长、连长、交通中队长等职。

1936 年王佩章加入中国共产党，因在腊子口战斗中负伤，左腿骨折，流落在甘南一带。1937 年找到红军部队，在延安八路军总后勤部供给部任会计。1952 年在政府安排下回广汉休息，1959 年在广汉中学任总务工作。1971 年退休，2002 年病逝，享年 91 岁。

（庄公白　撰稿）

时少清

时少清，1921 年出生，山西岚县人。1936 年参加革命，加入山西牺牲救国同盟会，不久加入中国共产党，在地方部队上工作。

岚县解放后，时少清在岚县历任教育科长、区长。1950 年时少清先后任广汉商业局副局长、烟酒公司经理等职。1981 年退休，后改为离休，2016 年病逝，享年 96 岁。

政治名人

张　任

　　张任，东汉末年蜀郡人。初任益州从事，后为州牧佐使。张任为官清廉，深得益州牧刘璋的信任。后奉命与其子刘循镇守雒县。

　　刘备率军入川之时，张任奉命同刘璝、冷苞、邓贤等将领率军抵抗，战败后退守雒县。刘备军队围困雒城久攻不破，长达一年。刘备军师庞统死于张任指挥的雒城守军的乱箭之下，使刘备军受到重创。刘备不得不调诸葛亮来代替庞统指挥平蜀之战。诸葛亮用计引张任出城作战，张任中计被擒，他坚决不侍二主，被刘备所杀。刘备、诸葛亮有感于张任之忠勇，厚葬张任。雒县百姓及后继的雒县官员，有感于张任的尽职尽责，不屈而死，为其修墓、建庙。

　　《广汉县志》载："张任墓，墓在今金雁桥西北侧桅杆村五社。清嘉庆十四年（1809 年）知州德勋曾立碑，上刻隶书'汉将军张任之墓'，碑额有花纹。1964 年，当地社员从墓碑后挖去部分坟堆，发现耳室墓砖及陶俑、陶鸡等。部分墓砖有凤凰图案及'元康六年（296年）八月造'铭文，证明此墓营建或培修于西晋时。"

　　邑人张邦伸编纂的《绳乡纪略·古迹》载："广汉有土主祠，在州城内正北街。土主祠祀汉张任。"

　　《益部耆旧杂志》载："张任，蜀郡人。家世寒微，少有胆勇，有志节，仕州从事。"

　　《三国志》对张任的记载非常简略，只有一处见其名。在《三国志·蜀书二·先主传第二》中载："先主径至关中，质诸将并士卒妻子，引兵与忠、膺等进到涪，据其城。璋遣刘璝、冷苞、张任、邓贤

等拒先主于涪，皆破败，退保绵竹……先主进军围雒……被攻且一年。十九年夏，雒城破，进围成都数十日，璋出降。"

《益部耆旧杂记》中记述了刘备围攻雒城的战役。书中记载："刘璋遣张任、刘璝率精兵拒先主于涪，退与璋子循守雒。任勒兵出于雁桥，战复败，擒任。先主闻任之忠勇，令军降之，任厉声曰：'老臣终不复事二主矣。'乃杀之。先主叹息焉。后人建祠祀之，奉为土主神。墓在金雁桥北二里。相传有人盗葬墓旁，夜梦其父切责之，以为逼近张将军，出入皆令跪道，将获重遣。其人因速迁之。"

后人写诗称赞张任："烈士岂甘从二主，张君忠勇死犹生。高明正似天边月，夜夜流光照雒城。"

广汉人将张任奉为土主神，供奉香火，祈求土主保一方平安！

现张任墓被广汉市人民政府定为市（县）级文物保护单位，并在张任墓处建"北区公园"，将张任墓置于园中，更好、更有意义地保护起来。张任墓现已成为人们接受三国文化熏陶、接受传统文化教育的重要场所。

（李成元　撰稿）

邓 芝

邓芝，字伯苗，义阳新野（今河南新野南）人，东汉末年入蜀。刘备平定益州后，到郫县视察，邓芝任郫邸阁督，刘备发现邓芝有才干，即升为郫县县令，后调任广汉郡做太守。邓芝在广汉任职期间，政治严明，功绩显著。

诸葛亮北征驻扎汉中，任命邓芝为中监军、扬武将军。诸葛亮死后，邓芝升任前军师、前将军、领兖州刺史，封阳武亭侯，243年，封为车骑将军。248年，涪陵国人杀都尉反叛，邓芝率军征讨，平定叛乱。251年，邓芝逝世。

邓芝出使东吴，促进了新形势下的蜀吴联盟，挽救了蜀国的危亡。刘备死后，孙权请求与蜀国交好。邓芝对诸葛亮建议："现在新接位的皇上还年幼，宜派大使重申和吴国交好。"诸葛亮遂派邓芝出使吴国。邓芝到了吴国，见到孙权，分析天下形势，晓之以利害，表明蜀吴再次联合起来共同抵抗魏国的好处。孙权听从了邓芝的建议，蜀吴双方交好。孙权赞扬了邓芝在蜀吴联合中所起的关键作用。

陈寿对邓芝的评价很高，赞扬邓芝作为大将军二十余年中，赏罚明断，体恤将士，生活简朴，没有私产，妻儿不免饥寒，他死时家无余财。

邓芝品德高尚，为人正直，功勋卓著，特别是在任广汉郡太守时，"清严有治绩"。雒县是广汉郡治所在地，所以雒县人民怀念他，为他修墓。据《汉州志》载，邓芝墓，在雒城西二十里处张化庙旁。

《广汉县志·文物名胜古迹》记载：邓芝墓在向阳乡胜利村二社，

占地约 0.7 亩，原有石碑 1 座。1974 年，当地社员"挖坟取宝"，在距地表近 1 米深处，发现 4 匹砖上有灰烬和铁锈，今碑已散失，坟堆被挖平。

邓芝作为三国时期重要的历史人物，他的事迹对后代有着很好的教育和启迪作用。

（李成元　撰稿）

房　琯

房琯，字次律，河南缑氏（今河南省偃师缑氏镇）人。唐代玄宗、肃宗两朝宰相。

房琯

唐上元元年（760年），房琯任礼部尚书，8月任汉州刺史。房琯从一品大员贬为刺史，在汉州任上仅两年零八个月。清嘉庆年间的《汉州志》记载："（房琯）以陈涛之败，出为汉州刺史。始，吏攘民居，甚相淆夺，琯至革之，民以便安，政声流闻。"房琯在汉州为政期间，勤政爱民，深得民心，发展农事，在城西外低洼地带，开凿西湖，兴建水利，灌溉农田，造福百姓。

广汉房湖公园留琴馆陈列着一块两尺多高的红砂石，其状如心形，上书"房公石"三个大字，这块石头已供奉了1200多年。房公即房琯，红砂石相传是房琯开凿汉州西湖时发现。房公石到明代仍陈列于州署二堂前，明代知州柴广建亭保护，后石亭坍塌，此石却仍得以保存。明代杨升庵曾写有一篇《房公石记》，称赞这块石头："地几易名，官几易姓，而屹然七百载，人有知为房公石者……岘首片石，乃能使见者堕泪而颂之至今，盖有传在人而不在物，其所感在遗爱而不在石也。"清乾隆年间的汉州知州张珽有《厅事房公石》诗为证："千秋一片石，屹立讼庭前。公自忘筌尔，民犹堕泪焉。勋名垂竹帛，恺悌忆蒲鞭。示我官箴切，何须座右篇。"1983年，为缅怀为官一任造福一方的房琯，广汉县人民政府将广汉公园更名为房湖公园，并集

资修葺，房公石移入房湖公园中的琯园精心保存。

唐玄宗开元十九年（731 年），卢氏县遇到了罕见的旱灾，老百姓啼饥号寒，阡陌之上，饥民如织，房琯开仓放粮，赈济灾民。卢氏百姓为纪念房琯舍生救民的壮举，便把他放粮的地方称作"仓上"，在他指挥放粮的地方建了房公祠。

房琯曾主持修建名胜古迹华清池，凿汉州西湖、普济湖，建凫矶驿，修慈溪县衙，在宋城建造"山园新亭"，其修治园林建筑之才，名噪一时。他先后担任慈溪、宋城、济原县令期间，"所在为政，多兴利除害，缮理廨宇，颇著能名"。房琯出色的规划建筑能力，得到了唐玄宗的赏识。

房琯任汉州刺史，是他生命的最后几年。这位 65 岁的老人兴利除弊，政声流闻，其中一个重要内容就是"凿巨浸，人号为房湖"。《汉州志》载："房湖，在州城西二里。唐房琯为州刺史时所凿，一名房公湖，一名西湖。凡数百亩，州岛回环，亭堂台榭甚胜。又有旧竹亭，公暇即名（鸣）琴其中，同时高适、杜甫皆常往来赋诗。后李德裕、刘禹锡、郑浣诸人亦有唱酬，传为盛事。至宋熙宁间，奏垦为田。"当时汉州城西有一片数百亩大小的沼泽，作为通往成都的川陕重要驿道蜿蜒其中，道路两旁灌木杂草丛生，沼泽水流不畅，常在大雨之时出现洪涝，成为一州之患。房琯充分发挥他的规划治理能力，因地制宜，疏水路，除杂草，清淤凿湖，累土为岛，建亭榭于其上，于是一个方圆数百亩的小湖形成。所凿之湖不仅得蓄水排涝之利，而且又使市民获得游憩之便，蔚然成为一处风景。

汉州西湖既成，房琯写下了五言长诗《西湖既成作》："高流缠峻隅，城下缅丘墟。决渠信浩荡，潭岛成江湖。结宇依回渚，水中信可居。三伏气不蒸，四达暑自徂。同人千里驾，邻国五马车。月出共登舟，风生随所如。举麾指极浦，欲极更盘纡。缭绕各殊致，夜尽情有馀。遭乱意不开，即理还暂祛。安得长晤语，使我忧更除。"《全唐诗》中收录此诗。

房琯在唐代文学上享有较高的声望，房公西湖自然成为文人雅士饮酒抒情诗词唱和的好地方，房琯担任汉州刺史期间，杜甫多次前来汉州，并同游汉州西湖。

763年4月，房琯奉诏回京担任刑部尚书，杜甫听到消息，急忙赶来汉州，可惜房琯已离开了。《陪王汉州留杜绵州泛房公西湖》这首诗，就是当时受新任刺史游房公湖写的。房琯在返回长安的途中遇疾，763年8月4日，卒于阆州僧舍，时年六十七，皇帝追赠他为太尉。杜甫得到消息，悲痛万分地撰写了700字的《祭故相国清河房公文》，祭文情深意切，杜甫哀叹房琯"身瘗万里，家无一毫"，赞扬房琯"死矢泉涂，激扬风概"，甚至把房琯比喻成唐王朝的"天柱""地维"。

房琯清廉自守，重民爱民，除弊兴利，造福一方，他三年的汉州刺史经历，给广汉留下了许多佳话。

（陈立基　撰稿）

戴季陶

戴季陶

戴季陶，名传贤，又名良弼，字选堂，因行三，又字季陶，笔名天仇，晚号孝园。祖籍浙江吴兴，其先祖戴敏勤入川经商，其后定居于四川广汉连山镇。祖父戴吉宣，父戴晓轩以务农为生。戴季陶于1891年出生于广汉连山，取名传贤，上有大哥传新和二哥传荣，人称"戴老幺"。祖父戴吉宣去世后，父戴晓轩于1905年举家迁居汉州城内，变卖田产，弃农经商，在西街开锅碗铺。大哥传新随父经商，二哥传荣则从师学中医。

戴季陶年幼时，在英国传教士安如磐的帮助下，在广汉基督教福音堂做杂活，食宿于此，并资助入私塾读书。戴季陶记忆力强，对所学领悟甚快，成绩极佳。1902年赴省城，入成都东游预备学堂学习。1905年赴日本留学，就读于师范学校。1907年，升入东京日本大学法科，学名戴良弼，在校期间，积极筹组成立日本大学中国留学生同学会。同学会正式成立时，被推为会长。

1909年，戴季陶学成归国，在江苏省地方自治研究所任教习。随后在上海《中外日报》任记者，不久转入《天锋报》任编辑、总编辑。戴季陶以"天仇"为笔名撰写文章，因针砭时弊、言辞激烈，被两江总督指名拘捕。不得已逃亡日本，后转赴南洋槟榔屿，任《光华报》编辑。《光华报》为同盟会所办，戴季陶因此加入同盟会，成为同盟会会员。

辛亥革命后，戴季陶回到上海，同周浩等人创办《民权报》。戴季陶以同盟会会员兼记者的身份拜会孙中山。1912年元旦，中华民国在南京成立，孙中山就任临时大总统，戴季陶同往南京。袁世凯继任临时大总统后将中华民国临时政府迁往北京。戴季陶在《民权报》上撰文，痛斥袁世凯背叛革命，打压革命党人的行为。1912年8月25日，国民党成立。9月，孙中山受命督办全国铁路，戴季陶被任命为记室（秘书）。1913年2月，孙中山访问日本，戴季陶以秘书身份随孙中山前往日本。宋教仁遇刺后，在日本访问的孙中山听到噩耗，立即从日本回到上海。1913年7月12日，国民党发动二次革命，全国响应，先后有七省宣布独立，脱离袁世凯的统治。二次革命失败后。孙中山、黄兴东渡日本，重组中华革命党，戴季陶加入该党，并任《民国杂志》编辑。此时，戴季陶撰写了很多讨袁文章，由此名噪一时。

1915年8月，孙中山发表《讨袁宣言》。12月12日，袁世凯宣布恢复帝制，下令改1916年为洪宪元年，废除民国纪年。1916年4月孙中山回到上海，戴季陶一直跟随左右。1916年5月9日，孙中山发表《第二次讨袁宣言》，讨袁护国动运在全国如火如荼地开展起来。1916年9月10日，广州成立护法军政府，孙中山被选举为大元帅后，即任命戴季陶为军政府法制委员会委员长。1917年2月，戴季陶兼任大元帅府秘书长、外交部次长。由此，戴季陶成为孙中山的得力助手，一直在孙中山先生身边工作。

1919年，五四运动爆发。戴季陶对劳工问题进行了深入研究。在《星期评论》上发表文章，探讨劳工问题。这一时期，戴季陶对刚传入中国的马克思主义进行了研究。他认真研读了马克思著作，他把考茨基的《马克思资本论解说》由日译本转译成中文，在《建设杂

志》上连续刊载。同时，他同在上海办《新青年》杂志的陈独秀来往甚密，并同陈独秀一道，参加上海共产主义小组的筹备工作。1921年，当中国共产党在上海正式成立时，戴却借故拒绝参加。此时，戴季陶和张静江、蒋介石等人在上海合股经营证券物品交物所，设立"恒泰号"，一度获利颇丰，投机失败后，随即关闭了"恒泰号"。

1922年秋，四川友人向育仁携带四川省长刘成勋与省议会公函，欢迎戴季陶返川制定省宪法。孙中山决定派戴季陶回川，并对川军进行联络工作。戴季陶乘船回川，因个人私事，一路心情郁闷，船行至湖北宜昌，投江自尽，幸被渔民救起，有惊无险。从死亡线上回来的戴季陶认为此次不死，是菩萨救了他，于是笃信佛教，成了虔诚的佛教徒。戴季陶到达成都，受到热情的礼遇，又经数月，省宪法草案写成。但由于当时四川军内矛盾重重，政务混乱不堪，制定省宪法之事被搁置下来。

戴季陶在川居住一年，制宪不成，无功而返，又被选为国民党一大中央执行委员、常务委员兼宣传部长。国民党一大会后，戴季陶创办了国民党中央通讯社。1924年6月16日，黄埔军校开学，戴季陶又被任命为黄埔军官学校政治部主任。

1924年冯玉祥等电请孙中山北上共商国是。11月13日孙中山为谋求祖国的和平统一，在宋庆龄的陪同下毅然离粤北上。戴季陶随同孙中山由广州经香港、上海并取道日本到天津，于12月23日达到北京。

孙中山逝世后，戴季陶以长期追随孙中山，长期研究孙中山为由，大讲"孙文主义"。1925年4月，戴季陶在广州召开的国民党一届三中全会上，提出建立"纯三民主义"的最高原则，反对国共合作，先后撰写《孙文主义哲学的基础》和《国民革命与中国国民党》两本小册子，强调国民党必须具备"独立性、排他性、统一性、支配性"，要国民党员"团结反共"。

1925 年 11 月 23 日，邹鲁、谢持、邵元冲、林森、居正等一批国民党右派元老，在北京西山碧云寺孙中山灵前召开所谓"国民党一届四中全会"，史称"西山会议"。这个右派政治团体被称为"西山会议派"。戴季陶的"反共"主张和他们的主张完全一致，戴季陶虽然没有参加"西山会议"，却积极参与其事，且名列通电之中，成为"西山会议派"的要员之一。1926 年 1 月 1 日，国民党"二大"在广州召开，大会通过了《弹劾西山会议议案》和《处分违犯本党纪律决议案》。邹鲁、谢持被永远开除党籍，居正、邵元冲等十二人受到纪律处分，戴季陶则"由大会予以恳切之训令，促其猛省"。其实，戴季陶并未"猛省"，坚持"戴季陶主义"的立场始终没有改变。

1926 年 7 月，由广东高等师范学校、广东公立法科大学、广东公立农业专门学校合并而建立的广东大学，更名为中山大学。8 月，戴季陶被任命为校长。戴季陶任中山大学校长达四年之久，他积极制定校规，推行严格的管理制度，合理地调整院系，严格考核制度，使中山大学成为当时中国最有声望的综合性大学之一。

1927 年四一二反革命政变后，戴季陶以个人名义发表《告国民党同志并告全国国民书》，为蒋介石独裁政权建立纲纪而大声疾呼。6 月，戴季陶回中山大学，他以校长身份，多次发表讲演，竭尽全力兜售"戴季陶主义"。1927 年，他将这些讲话汇集成册，定名为《青年之路》，自作序言，出版发行，影响甚广。

1928 年 2 月，国民党第二届第四次执行委员会在南京召开。会上，戴季陶再次被选为中央执行委员、常务委员兼宣传部长。10 月，戴季陶与李石曾等人向国民党中央提出"五院制"的中华民国政府组织法草案，获得通过。蒋介石任国民政府主席，戴季陶任国民政府委员兼考试院院长，戴季陶成为国民党和国民政府的中央大员。

戴季陶任考试院院长期间，工作勤勉，制定了多项考试法规，将全国考试分为"高等考试""普通考试"和"特种考试"，为国民政府培养和选用大量人才。

1931年，九一八事变爆发后，全国掀起了抗日高潮。为了缓和紧张局势，国民党政府设立"对日问题专门委员会"，专门研究对日策略，戴季陶被任命为委员长。戴季陶反复研究，提出要"忍辱负重""不可用军事方式解决"。据此，国民党政府对日采取不抵抗政策，因而受到全国各界人士，包括国民党内反蒋政治势力的责难，蒋介石被迫下野。蒋介石辞去国民政府主席和行政院长职务，国民政府成立的"对日问题专门委员会"也无疾而终。

1931年12月22日，国民党四届一中全会在南京召开，对国民政府进行了改组，会议推举林森为国民政府主席，孙科为行政院院长，戴季陶为考试院院长。

1932年，日军在上海制造了"一·二八"事变。汪精卫于1931年3月1日在洛阳召开了国民党四届二中全会，会议推举蒋介石为军事委员会委员长。会后戴季陶赴西北各地视察，一路上，他为国民党积极反共消极抗日政策进行辩解，在西安发表讲演时，受到爱国学生的谴责，愤怒的学生焚烧了戴季陶的汽车。

1935年5月30日，戴季陶回川祭扫祖墓。广汉县城军政各界上千人在县城西门外川陕公路两旁，冒雨等候戴季陶的到来。戴季陶到达广汉，以跪拜礼向家乡父老作揖磕头。广汉县政府在公园大公堂举行欢迎会，戴季陶在会上发表讲话。当日下午，戴季陶一行到达连山，区长赵石陪同戴季陶，到连山土溪河口月形梁子上戴氏祖墓前祭祖。祭祀结束后，戴季陶顺便观赏了土溪河、七洞山、狮子山、筒车堰、麻柳林、大涌泉、小涌泉、灵泽寺等风景名胜。戴季陶离开连山时，给连山小学的学生每人赠送了两个作文本，并在封面上加盖四字方印"戴季陶赠"。作文本由连山校长转赠给学生。戴季陶在广汉逗留四天，住在外甥宋雨村家，并分别拜见亲友，拜望启蒙老师胡俊清等。

1935 年 10 月，戴季陶赠给广汉两套《万有书库》及其他书籍共4000 余册。县政府及驻军筹资 6000 元，动工改建梓潼街文昌宫为图书馆，图书馆于 1937 年 3 月建成开馆。戴季陶 1938 年再回广汉时，又赠给县图书馆一些书籍。

1935 年 12 月，国民党五届一中全会召开，戴季陶继续担任考试院院长。

1936 年西安事变后，国民党中央召开紧急会议。戴季陶坚决站在何应钦的立场上，主张讨伐张、杨，反对宋子文、宋美龄等和平解决事变的主张。西安事变和平解决后，戴季陶的处境非常尴尬。

1939 年 1 月，国民党五中全会决定"设置国防最高委员会，以统一党政军之指挥"，国民党总裁蒋介石任委员长，戴季陶以中央常务委员的身份进入委员会。1940 年 10 月，戴季陶到印度、缅甸访问，在访印期间，受到甘地、泰戈尔的礼遇。戴季陶回国后，积极创议设立中印学会，1942 年 8 月中印学会在重庆正式成立。

1941 年，戴季陶倡导编纂《广汉县志》，延请国立编译馆郑鹤声、康清柱等组成调查组。调查组于 6 月下旬到达广汉。7 月，向朝清、向伯高、李茂青、张遂英等 91 人成立调查委员会，下设自然、政治、党务、军警、经济、地理等分组。1942 年 12 月，《广汉调查报告》除地理篇外，均已成稿，但因国立编译馆由四川迁回南京，《广汉调查报告》未能出版成书，稿件下落不明。

抗战胜利后，戴季陶在国民党改组后的国民政府中，仍然保留了考试院院长的头衔。但因患多种疾病，戴季陶要求政府免去其院长职务。1948 年 6 月，国民政府改任戴季陶为国史馆馆长，戴季陶结束

了担任二十年之久的考试院长。

1948年12月，戴季陶应宋子文之约，携眷由南京飞往广州，住东园寓所。面对国民政府濒于灭亡和国民党军队一败涂地的现实，1949年2月11日夜，戴季陶服安眠药自尽，时年58岁。后由其子戴家秀扶柩回川，葬于成都西门外枣子巷墓地。

戴季陶一生，著述颇多，主要有《孙文主义哲学的基础》《国民革命与中国国民党》《青年之路》《日本论》《学礼录》等，达数百万言。

（李成元　撰稿）

曾甦元

曾甦元，原名宪悦，字起戎，1896 年生于
广汉新华乡。幼年随父读书，1913 年到成都当
学徒，1914 年到刘成厚部入伍当二等兵，后入
川军田颂尧部。曾甦元因在护国之役中作战勇
敢，先后升任排长、连长。1925 年升任 21 师 84
团团长，率部队进驻绵竹、什邡。1926 年，任
绵竹县知事。在绵竹期间，曾甦元倡导新建公
园，扩建街道，修筑马路，扩充军队，镇压了
1928 年绵竹七四农民起义。

曾甦元

1930 年，曾甦元任 29 军川陕边区剿匪第二纵队司令，开赴陕西
汉中、勉县一带。不久，部队改编，他任 29 军 1 师 3 旅旅长，移防
江油、中坝。1933 年，曾甦元奉命到通（江）、南（江）、巴（中）
地区与红军作战，在黄木桠几乎被红军消灭。曾甦元趁黄昏只身坠崖
潜匿，化装逃出，赴上海向孙震报告，后回绵阳收容残部，整补队
伍，继续任旅长。1935 年，曾甦元升任 41 军 124 师副师长。1936 年
经推荐，进入南京中央军校高级班学习一年，结业后回原部队任职。

七七事变爆发后，曾甦元致书孙震与邓锡侯，请缨出川抗日。
1937 年初冬，曾甦元随孙震的 41 军和邓锡侯的 45 军组成的 22 集团
军北上抗日。曾率其 743 团、774 团三千川军将士作为先头部队誓师
出发，一路北上，刚到宝鸡，就传来雁门失守，娘子关战局吃紧的消
息。曾甦元所率部队旅立即乘火车前往潼关，渡过黄河后，改乘同浦

线至阳泉，又步行至平定县布防，布防次日即与日军板垣师团激战，参加娘子关战役。由于仓促设防、武器太差、弹药缺乏，伤亡甚众，曾甦元所率部队至晚上败退，太原失守后，转移至洪洞地区休整补充兵源、军械粮草。

1938 年 2 月初，津浦铁路南段的日军突破淮河，山东省主席韩复榘的十万部队不战而退，大半个山东被占领，日军长驱直入，直逼滕县、临沂。第五战区司令长官李宗仁急调第 22 集团军驰赴滕县，阻击南下的日军。滕县保卫战打响后，122 师师长王铭章率领 3000 余人死守滕县城。滕县保卫战的三天时间，守城部队自师长王铭章以下 3000 官兵全部殉国。回援西关火车站的曾甦元得知王铭章 3000 将士殉国的消息，便带领剩余 20 多位战士英勇拼杀，给进攻西关火车站的日军予以重创。"滕县保卫战，川军以寡敌众，不惜重大牺牲阻敌南犯，完成作战任务，书写了川军历史上最光辉的一页。"

在抗日抗战中，曾甦元转战晋、鲁、苏、皖、豫、鄂数省，先后参加台儿庄战役、随枣会战、枣宜会战、豫南会战、鄂西会战、常德会战，身经大小战役三四十次，因屡立战功，晋升为 41 军副军长。1940 年，41 军驻军襄樊整补时，曾甦元在钟祥县陈家畈附近购置田地 1000 余亩，办垦殖社，安置被裁汰之老弱士兵。1941 年在广汉创办力生中学和曾后小学。

1941 年孙震任第五战区副长官时，保荐 124 师师长曾甦元任 41 军军长。1943 年，曾甦元任 41 军军长，同年曾甦元到陆军大学特别班受训。

曾甦元在陆军大学期间，与陆大政治部副主任、中共地下党员刘睿潮相识，刘睿潮对曾的思想有很大影响。1946 年，曾甦元在陆大毕业，被委任为第五绥靖区副司令，但未到职。曾甦元回到广汉，又在成都与中共地下党员韩百诚认识。1947 年曾甦元在广汉当选国大代表。

1948 年，孙震的 22 集团军改编为整编 47 军，后又改编为第 16 兵团，进驻郑州。曾甦元先后被委任为整编 47 军副军长，第 16 兵团副司令。曾甦元到南京出席国民代表大会，后在郑州称病返川。

1948 年，第五绥靖区撤销，孙震保荐他的侄儿孙元良担任整编 47 军军长，统率 41 和 47 两个整编师。孙元良任兵团司令，曾甦元为兵团副司令。曾甦元到任后，由于不满孙元良的专横，不久离开部队，回到成都。

1949 年 7 月 16 日，人民解放军第二野战军 50 万大军向西南进军。11 月 29 日，由贺龙率领的解放大军，越过秦岭，兵分三路向四川挺进，各路大军直逼成都，川西地区的国民党残部处于人民解放军的重重包围之中。曾甦元经成都中共地下党员韩百诚等共产党员的策动，赶回第 16 兵团，联系旧部，退至什邡、绵竹。

川西地下党组织经研究后，及时派出共产党员杨叔明到 16 兵团协助董宋珩策动起义工作。12 月 17 日董宋珩与杨叔明在广汉会面。董宋珩述说了刘文辉、邓锡侯、潘文华等人起义的消息，杨叔明要求董宋珩、曾甦元尽快做好各军、师长的思想工作。

12 月 18 日，孙震去成都后没有返回广汉。12 月 19 日，孙元良召开军事会议，会议传达了胡宗南要十六兵团各部在广汉、德阳一线截断川陕公路，阻止解放军进军成都，以掩护胡宗南部向西康撤退的命令。会后，曾甦元向董宋珩、杨叔明汇报了会议的情况，大家一致认为要争取尽快起义。曾甦元、董宋珩、杨叔明、董用威、杜庸组成"起义指挥所"，紧急通知各部随起义指挥所离开广汉，向什邡、绵竹转移。孙元良于 20 日清晨派警卫部队，包围了广汉力生中学，准备搜捕曾甦元、董宋珩等人，但是曾、董等人早已离开广汉回到了什邡。12 月 21 日曾甦元、董宋珩在什邡召开军、师长会议，商议起义

之事。

1949 年 12 月 26 日，任第 16 兵团副司令的曾甦元与董宋珩一道，率领 16 兵团 5 万将士在什邡通电起义。

1950 年元旦，曾甦元率沈人宁、胡祥麟、傅英道到成都谒见贺龙司令员。1950 年 2 月 6 日，人民解放军派出以第二野战军副参谋李克夫为团长，西北军政干校教育长傅传作为副团长的西南军区第一工作团到什邡接管 16 兵团。

1950 年夏，16 兵团调江苏常熟一带整编，11 月曾甦元入华东军政大学学习，调任华东军区干部管理部，被授予正军级，后担任解放军华东军区第 9 兵团副参谋长。曾甦元参加抗美援朝，并兼任朝鲜东海岸防御指挥所副参谋长，回国后任华东军区高级参议，南京军事学院军事主任教员。

1954 年冬，曾甦元被选为第二届全国政协委员。1955 年夏，任江苏省政协委员会常委。1956 年任江苏省林业厅厅长，同年加入民革并任民革江苏省筹委会常委。1958 年被选为第三届全国政协委员并任江苏省农业厅副厅长、民革江苏省委常委。1960 年 8 月，因癌症医治无效在北京逝世，享年 64 岁。

（陈立基　撰稿）

胡国泽

　　胡国泽，号润民，1903 年出生于今广汉市新丰镇。陆军步兵学校第 2 期毕业，黄埔军校第 3 期学生，1925 年加入国民党，去日本接受军事训练，1932 年回国。1933 年加入复兴社，历任星子特训班上校军事教官、教务组长、教育长、别动队少将参谋长、新 28 师少将副师长。1934 年任中央军校政训研究班教育长，抗战期间曾任第 66 军新编 28 师少将副师长，参加远征军印缅抗战。抗战胜利后曾任川北师管区司令，四川军管区少将征募处长、邛大师管区少将司令、川北师管区少将司令等职。

　　1949 年初，在潼南县境新建一个由胡宗南直接指挥的独立 365 师，胡国泽任师长。11 月重庆解放，365 师经由小川北路往成都方向撤退，行军到安岳，胡国泽借口要到成都请示而离开队伍。离队前把全师的指挥权委托给师参谋长刘开旅，刘率部于 12 月 19 日到达郫县三道堰驻扎。12 月 24 日，胡国泽在成都示意刘开旅随 95 军黄逸民起义，由参谋长刘开旅同副师长陈元良以胡国泽名义，率领全师官兵于 25 日在郫县发出通电，宣布起义。

　　1950 年 1 月至 1952 年，胡国泽先后参加成都 18 兵团高研班、重庆军政大学高研班、重庆第二步兵学校高研班学习，1952 年结业后，由西南军区政治部批准复员，定居成都。胡国泽后加入民革，任成都市西城区政协委员。1964 年 3 月病逝，享年 61 岁。

陈斯孝

陈斯孝，原名陈私孝，又名陈家永，1900 年生于今广汉市南兴镇仁寿村。

陈斯孝在四川法政专门学校读书时，先后参加中社、健中社、国民党、三青团、四川政法学会等各种团体 21 个。1921 年陈斯孝到上海找到戴季陶，受戴季陶的指教，将私孝改为斯孝，戴季陶写信将他介绍到川军将领向传义。

1926 年，国民党川西党务特派员杨春圃，委托陈斯孝筹备国民党广汉县党部，1927 年陈斯孝任国民党广汉县党部执委。1928 年经向传义介绍到川军 28 军 7 师师长马毓智任政治部主任。1929 年经马毓智、向传义、邓锡侯、陈离等人的支持并凑集资金，创办《新新新闻》报社，陈斯孝任经理。1940 年陈斯孝赴日本入东京明治大学经济专科学习。1931 年九一八事变后，陈斯孝回国，仍主办《新新新闻》，任总经理。

七七事变后，《新新新闻》刊登"抗战是民族的生路，屈服是民族的坟墓，与其苟且偷生，不如慷慨战死！我们万众一心是敌人最可怕的！我们要在抗战中求生存，不要在妥协下求苟安！"等宣传抗日的思想。1937 年 8 月 14 日，《新新新闻》发表了题为"全国抗战之开展"的社论。

《新新新闻》在陈斯孝领导下，越办越好，从亏损赊账买纸、略有盈余，到利润大增。为了适应读者需要，报纸还发表了进步人士和共产党的谈话和文章。1938 年全文登载了《郭沫若告四川青年书》，号召青年们在苦难中学习，在血泊中前进，宣传了只有在抗战中才能建国的主张。1938年7月20日，全文登载冯玉祥的《向着最后胜利的目标前进》。9月8日登载麦萍的《毛泽东论战局》一文，鼓舞了全民积极抗战的信心。1938年10月，武汉失守后，人心震动，《新新新闻》及时刊登了参政员林伯渠、陈绍禹、吴玉章的《共同意见书》，玉昆仑《积极保卫华南加强全面抗战》等文章。同时，还刊登了不少进步画家宣传抗战的漫画。除此之外，新新新闻还组织参加募捐、募寒衣、赠锦旗、慰劳前线将士等工作。

陈斯孝对有才干的人十分尊重，在生活上充分给予他们照顾。如评论的专家笔名"小铁锥"的樊凤林，陈斯孝除在住房、奖金等方面对他予以照顾以外，还特地送他一个折子，叫他凭折子每天去肉案上割一斤肉孝敬母亲。

陈斯孝把《新新新闻》的副刊办得五花八门，名目繁多，有《中学生周刊》《新农村》《科学园地》《抗战与文艺》《妇女与家庭》《小朋友》《四川美术》等。

《新新新闻》办得有声有色，销量大增，日销量超过了三万份，成为当时西南地区第一大报纸。陈斯孝在1939年被选为四川省临时参议会参议员，1945年又任国民党四川省常务监察委员和三青团省支团干事。

1947年，陈斯孝回广汉竞选国大代表失败，但仍列席次年在南京举行的国民代表大会。会议期间，被任命为全国"戡乱建国"委员会委员。

1949年11月，陈斯孝参加蒋介石召开的成都秘密会议，在报社布置应变后，随即潜往峨边。1950年4月，向驻峨边的解放军投案，1952年8月24日被判处无期徒刑，1956年12月8日病保出狱。1961年11月13日病逝于成都，终年61岁。

（庄公白　撰稿）

黄兴才

黄兴才

黄兴才，1920 年 4 月 28 日出生于山东新泰县龙庭乡北马庄村，他是中华人民共和国成立后担任中共广汉县委的第七任县委书记。抗战时期，历任村农会会长、区抗联主任、区武工队长，并屡立战功。

1949 年春，在进军大西南的战役中，黄兴才被编入服务团入川，进驻四川铜梁，先后出任铜梁县武装部长、县委副书记兼县长。1963 年 7 月，黄兴才奉调四川广汉，主持中共广汉县委工作。

初到广汉，黄兴才一家七口安排在前任书记石洪居住过的独体住宅居住，但他却选定几间破屋稍作修葺后居住，他的办公室只有一桌一柜一椅。他不讲究穿着，旧衣旧裤还加补丁。他与农民交谈，无论田边地角，裤腿一卷，便席地而坐，成为农民中的一员。黄兴才说，这种习惯都是他在游击战中积存下来的，改不了也不愿改。

黄兴才开会、讲话、做报告，从不要秘书写讲稿。黄兴才对中央或上级党委下达的具有重要指示和工作部署内容的文件，都要反复研读，对文件中的关键段落，便用红笔予以标明，再换用蓝笔在工作笔记本上拟写贯彻执行意见。在文件与笔记或笔记与文件之间的衔接处，又用号码依次标明。于是，上级文件指示和笔记本所拟的贯彻执行意见就有机地结合起来。他召开会议时，面前只放着文件和笔记本。在报告进行中，时而宣读文件中的某一段落，传达上级指示精神，时而翻开笔记本，布置联系实际的贯彻执行意见。黄兴才所做的报告，上下相衔接，首尾相呼应，条理分明，主题突出，娓娓动听。

黄兴才曾多次申言："我这个县委书记是帮工的。我给人民帮工，人民给我饭吃。"1963年8月，黄兴才观察雒城市容，当他来到书院街拐弯处，发现街心散放着烂砖头，有碍通行，原来此处正在改建下水道，工人已经下班。他弯下腰，用双手将这些散砖一一移放在街旁。回雒城市区的是一段上坡路，一辆运载水泥电杆的架车正在向上行进，拉车人弯腰低头，汗流浃背，黄兴才见状，立即上前助推，直到进入平缓路段为止。

1965年3月，黄兴才去温江地委开会。汽车行至西门外姚景桥路段时，见右前方有一白发老人扶杖而行，举步艰难。当小汽车临近老人时，他叫司机周慕齐停车，亲手将老人搀扶上车，到了老人住家村口，又亲手将老人搀扶下车。老人颤动着双手，从衣兜里掏出两块烤红薯捧给他，作为答谢。他又将红薯塞回老人的衣兜，老人伫立路旁，目送小汽车驶去。

1965年，城北雁江突发洪水，洪波压向北岸，溢入农田、农家，形势危急。黄兴才闻讯后，率领工作人员火速赶赴抗洪抢险第一线。他不顾自身安危，带头下水传递沙包，加固堤坝。浪花拍打过来，满面水花，衣裤尽湿。直到水势得到控制后，黄兴才才撤离。

黄兴才有一句自我警示和提醒下属的名言："我们在民众的困苦面前，不能闭上眼睛！"他把缓解和解除民众困苦，作为工作的重中之重。特别是对民众的信访诉求，他都亲自过问和亲自决定解决办法。

1964年秋收后，西外公社九大队一农户上书县委，诉说食粮被挂钩，全家断粮断炊，请求县委解救。黄兴才立即指派秘书会同公社党委查清情况后，返还了该农户被挂钩的食粮。他说："即便是收监人犯，国家也要给饭吃嘛，怎么能不让农民吃饭？"此后，黄兴才在

他召集的公社党委书记会议上告诫说："执行农民食粮三挂钩，要慎重，不能叫农民不吃饭。"于是，在广汉，套在农民脖子上的"食粮三挂钩"锁链，开始松动。

在 1964 年缺粮高峰期，广汉南门外国营农场突发巡夜人员开枪打死进场刨取田间红薯的村民事件。农场方认为，事属保卫国家财产、巡夜人员开枪打死盗窃犯的问题。黄兴才指令农场："对入场刨取田间红薯的村民，不准开枪，不准殴打，做好死者及其家属的善后工作；开枪人员交司法机关处理。"。此后，入场刨取田间红薯的村民有增无减，农场十分无奈。黄兴才出语惊人："包公也要陈州放粮嘛。我们农场少收点红薯，就算放粮吧！"

1965 年 4 月，解放军驻航校部队的一位退伍军人郑云藻上访县委，请求解决生活出路。郑云藻原籍四川巴县，服役期间与广汉一女工登记结婚，生有一女。郑云藻退伍时，本欲携带妻女回巴县老家，但老家地处大山之巅，其妻不愿迁往，滞留广汉日久，其妻工资收入微薄，仅能养活母女二人。郑生活无着，以坐街乞讨为生，并摆出退伍军人证。郑云藻请求办理"农转非"以便就业，黄兴才认为，一个退伍军人摆出军人退伍证讨乞为生，影响所及，不利于社会稳定，他建议县公安局研究解决。不久郑办理了"农转非"，郑云藻终于得到安置就业。

黄兴才不怕困难，不怕承担风险，在近三年的任期内解决涉粮信访诉求和涉粮突发事件，三四十件。

黄兴才于 1966 年 3 月改任温江地委组织部副部长，但因"文化大革命"未能赴任。1972 年 3 月 26 日，黄兴才病逝于广汉，年仅 52 岁。

（陈良藻　撰稿）

曹荻秋

曹荻秋，原名聪，又名仲榜，号健民。1909
年8月出生于四川资阳县南津驿镇和平街。1926
年至1930年，曹荻秋就读于成都高等师范学校
历史系，他积极参加成都高师的中共外围组织
"导社"的活动。1928年春，"导社"领导人袁诗
荛惨遭反动军阀杀害，白色恐怖笼罩全校。在中
共地下党组织的领导下，曹荻秋恢复和扩大了

曹荻秋

"导社"组织，领导学生开展"择师运动""争取教育经费独立""抵
制仇货"等各种斗争，成为"高师"及成都学运的骨干。1929年9
月，曹荻秋加入中国共产党，任中共成华县委宣传部部长、川西特委
宣传部干事。

1930年，曹荻秋高师毕业后，任温江中学训育主任，同时担任
中共温江工委书记。同年6月，派往广汉任中共广汉特委书记，以广
汉中学训育主任职务作掩护，加强对国民革命军第28军第2混成旅
的策反工作，并积极为广汉起义筹集资金，选择向导，侦察地方团练
的动态、实力等工作。中国共产党在第2混成旅中，以近四年的时
间，投入了近两百人的力量，经过大量艰苦细致的工作，培养了大批
革命骨干，营造出蓬勃的革命氛围。

第2混成旅的一些革命行动引起了国民党反动军阀的警觉。旅长
陈离深感处境艰难。在反动军阀即将下手之前，中共川西行动委员会
决定组织起义，派刘连波到广汉县具体负责。刘连波组成中共广汉行

动委员会，将原中共广汉县委、军支、工支、农支及共青团委等合并，归行动委员会统一领导，又调中共新都军事支部负责人梅子乾到广汉，负责第 2 混成旅的兵运工作，以加强指挥力量和起义的各项准备工作。中共广汉行动委员会组成前敌委员会，由廖恩波、刘连波、曹荻秋、徐昭骏、廖宗泽五人组成，前敌委员会书记廖恩波未到任前由刘连波负责。前委分工为曹荻秋负责组织地方力量配合起义；刘连波、徐昭骏负责组织驻军起义；罗南辉、廖宗泽在部队中具体组织起义事宜；原广汉工支、农支负责发动工人、农民支援起义和参加红军。前委确定了起义时间、信号、起义军改编为红军的番号，起草了苏维埃的组织宣言，制作了镰刀、斧头、红旗以及号召工农兵联合起来革命的标语、传单等宣传品。起义前夕，中共川西行动委员会派薛彦夫、雷润侯等三十余人，陆续到达广汉。

在行动委员会统一领导下，曹荻秋率领地方党组织配合起义，起义前，他发动教师、学生开展文艺宣传，举办文化夜校，以提高群众革命觉悟；秘密赶制镰刀、斧头、红旗，印制标语传单；组织宣传队，动员参军等大量工作。根据行动委员会的指示，为了保存力量，避免损失，男中校在起义前数日除留下少数骨干坚持工作外，绝大部分师生均由校长陈守清率领，到乐山旅行，女中校在起义当晚，前敌委员会指示非武装人员先行撤退，带上"准予通过"的证明，率领吴竹君、雷兴国、谢相如、谢吟秋、陈旭初等，连夜出城，经复兴场，绕道田间小路，向成都撤退。

1930 年 10 月 25 日是星期六，按第 2 混成旅的例规，晚上要放假。陈离早在下午就返回他在成都的家。各团、营、连除留下一名值星官外，其余军官都回家度假。部分官兵出去看当晚放映的电影《唐僧取经》，利用这个有利时机，前委的同志全体出动，分头准备起义事项，曹荻秋在广汉中学指挥。夜间 11 时许，共产党员王肇修按照起义预订计划，翻墙进入广汉中学校，准时在五丈多高的钟楼上敲响了铜钟，发出了广汉武装暴动的信号，"广汉起义"爆发了！

广汉北门外白衣庵驻军二团二营首先鸣枪，紧接着，城内各处驻军陆续鸣枪响应，按照事先牵制敌人的部署，靠近警察局的草房燃烧起来了，火光冲天。刘连波等人立即分头指挥起义人员，首先占领县电话局和电灯公司控制通讯、照明系统。起义领导小组鸣枪、鸣笛、集合全体官兵宣布起义，暴动组砸开武器库，夺取枪械弹药，装备起义人员，镇压组还将旅部秘书胡恭叔、曹仲英、军法处长陈绍尧、袁绍基等可疑人物扣押于二团团部，又赶到烟市街旅部军需处长雷雨膏的家里，将其击毙。25日晚，同驻守旅部的手枪连开展了一场短时激战。起义军顺利占领广汉县城之后，全城戒严，来往行人，必问口令。问令是"暴"，答令是"动"。起义人员左臂缠白色毛巾，右臂脱下衣袖，以作醒目标记。

26日拂晓，起义军在中西街老君观内设立了总指挥部，一项项革命措施从这里发出，"安民告示"贴出来了，主要街道上传出了敲锣宣告："昨晚驻军武装起义，全体百姓勿惊，各安生理，市场开市，商店开门……"商店陆续营业，居民相继上街，社会秩序逐渐恢复正常。

镇压组按原已开列的名单逮捕了一批官僚、豪绅，没收了几家土豪劣绅的家财，砸开粮仓分给城市贫民。群众皆大欢喜，拍手称快。指挥部派出了宣传队，三五人为一组，手执镰刀斧头鲜艳红旗，遍街张贴"打倒军阀割据的非法统治！""建立人民民主的苏维埃政权！""打倒帝国主义！""打倒军阀！""打倒土豪劣绅！""中国共产党万岁！"等大幅标语。大街上张贴了广汉县苏维埃政府的布告，在各主要街口安放桌凳，作为临时宣传站。起义军又在指挥部门前设置招兵站，吸收群众参加红军，扩充部队力量。当时散发的传单上写道：

"战鼓咚咚夜正深，自由之路照红灯，咱们兄弟齐前进，革命沙场好练兵。"传单好懂好记，很鼓舞士气。

26日下午，行动委员会在总指挥部召开工农兵代表大会，选举产生了县苏维埃政府，曹获秋任主席。县苏维埃政府设在旧县府内，发布了有关政策法令，实行一切权利归人民，派人将监狱砸开，放出无辜群众，并将旧政府的粮税廒册、文书契约等付之一炬，广大群众对此十分拥护。

26日下午4时，前敌委员会在广汉公园大操场召开起义军全体官兵大会，全体起义人员均佩带红布条。徐昭骏主持整编部队，曹获秋代表前委宣布成立中国工农红军26军第一路司令部，原第一团改编为第一纵队、第二团为第二纵队。纵队下分设大、中、小分队，由原营、连、排改编而成。另新建警卫、机枪、特务（即游击）三个大队，直属路司令部领导。大会宣布了各级领导人名单，曹获秋为第二纵队政委。大会前，雷润侯率领两个素质较好的连队，出西门，向成都方向警戒，以防来犯之敌。在不到20个小时的时间里，起义顺利完成了预定的第一阶段计划。

广汉距成都只有九十里，成都是军阀盘踞的政治、军事中心，反动势力很强。根据中共川西行动委员会的部署，暴动成功后，要迅速撤出广汉，转到绵竹县西山地区建立根据地，开展"依山游击"。工农红军分批向绵竹方向进发。红军转战绵竹失利，前委召开紧急会议，鉴于我军已处于前截后追、腹背受敌、孤军无援、众寡悬殊的险恶境地，为了保存革命力量，避免更大损失，决定外来干部就地分散转移，红军战士每人发给六至八元的路费，资送回家，罗南辉率领警卫掩护撤退。起义部队至此解散。

中华人民共和国成立后，曹获秋当选为中共八大代表、第一至三届全国人大代表，曾先后担任重庆市市长、上海市市长。"文化大革命"中，曹荻秋被打成了"叛徒"，遭监禁达6年之久。

1976年3月29日，曹荻秋含冤辞世。1978年4月，经中央批准，中共上海市委为曹荻秋平反。

（陈立基　撰稿）

陈 离

陈离

陈离，四川安岳人，字显焯，号静珊。1915 年四川陆军军官学堂第三期炮兵科毕业后，在川军第 2 师炮兵第 2 团见习，后升为排长、连长。1925 年，陈离升任邓锡侯第 30 师 60 旅旅长，下辖三个团和一个手枪大队。同年 11 月，陈离率部进驻新都、广汉防区，旅部设在广汉米市街仓颉庙。第 60 旅改为第 2 混成旅后，陈离在广汉驻军一直到 1935 年防区制废除，驻军长达十年之久。

广汉土地肥沃，是川西膏腴之地，但在中华人民共和国成立前，广汉四乡匪患严重，民生凋敝，致使广汉十数万亩良田弃耕荒芜，土匪不仅在县境内白昼抢人，甚至聚众攻击邻县城镇。陈离决定剿匪安民。陈离到广汉、新都两县调查，摸清了多年匪患的根由，他首先派第 2 团进驻广汉金轮寺清匪，后率部围剿曹杰三匪众，打死匪徒 200 余名，捕获匪首及惯匪十余人，这些土匪经审讯后全部枪决。广汉从此平息了匪患。

陈离早在四川军官学堂学习期间就喜欢阅读进步书刊，驻军广汉时，他热心地方事业的建设，扩充市井，建立医院，改良厕所，整齐屋檐，办理消防，修筑马路，制备木柜设立阅报室，劝告实行清洁、捕蝇防疫等一系列利民和城建措施，赢得了百姓的好评。

1926 年，县城举办了首次劝业会，邀请成都、华阳等 15 县商界人士参加，会期 40 天。1927 年汉赵、汉什马路县境段相继竣工。1928 年，成绵马路县境段竣工。陈离在县城老君观开办民生工厂，生产子弹，修理枪械，还新辟大体育场一个，并将湖广会馆改建为民乐电影院。

广汉公园现名房湖公园，最早是由陈离率部修建。1927 年春，广汉筹建广汉公园并破土动工。广汉公园是用县城西南牛市坝和大片菜地及荒地建成，园内建有图书馆、音乐堂和名为"大公堂"的大礼堂。时任成都大学校长的张澜来广汉参观时曾在大公堂讲演。大公堂门前塑有一座缩小版的自由神像，基座四周有石狮子，神像高举起火炬，火炬内有电灯泡，通电后闪闪发光。基座上题有"自由之光、普照世界"八个大字。陈离亲自撰写了一篇激情四溢的《自由之神序言》："在历史的进程中，人类也常为自由而斗争，也常打破过束缚的枷锁，然后进化的铁律所许可的，只是由某一部分的解放，同时形成他一部分的束缚……伟大的自由啊，你是一切被压迫人类的希望，你是全人类宝贵未来之象征，你是世界前途的指示，你是怎样的令人羡慕，你是怎么的令人失望。伟大时代到来的现在，自由的洪钟响遍全球，惊醒奴隶的睡梦。"

1929 年，戴季陶回乡省亲，陈离陪同参观了广汉、新都防区内的各项建设和各地名胜。戴季陶对其赞赏不止，认为这是不多见的革新。后来，戴季陶向蒋介石介绍了这些情况，并劝其游览广汉、新都。蒋介石在游览中较为满意，但在大公堂前看到了自由神像后要求将其销毁，广汉县长陶凯惊恐不已，一时来不及铲磨碑文，遂用石灰泥土糊盖，泥封直至中华人民共和国成立。

陈离喜好读书看报，接受新知，从 1927 年即与中国共产党有联系，在党内同志的争取教育下，逐渐倾向进步。1927 年重庆三三一惨案和泸顺起义失败后，党为了保存革命力量，中共重庆地委和成都

特支都有计划地转移了一批共产党员和进步人士到川军中暂时隐蔽，陈离欣然接受了一批共产党员和进步人士到所属部队。

1927年夏季开始，中共四川省临委和川西特委陆续派出党员干部李宗林、杜桴生、罗曼生、杨月湘、帅惠先、徐昭骏、罗南辉、廖恩波、刘连波、薛彦夫、陈晓岚、雷子敬、闵春厚、朱子钊、张春帆等十余人到广汉、新都的国民革命军第28军第2混成旅中，担任各级军官，发展党员，开展兵运工作。曾任泸顺起义军第4路司令袁品文的高级顾问邓作楷是陈离同乡，陈离成立了军事训练委员会，安排邓作楷在旅部参赞军机。不久，陈离又将该委员会改组为旅政治部，邓作楷为旅政治部主任，他利用这一合法身份，在第2混成旅中公开宣传马列主义和研究中国革命问题，对官兵进行革命思想教育。邓作楷与二团团长陶凯交往甚厚，经常去团部做陶凯及营长刘的均和营长曾学圃的思想政治工作，吸收了一批进步青年在其部队任教官和录事。

1930年10月，中国共产党发动著名的广汉起义，起义的主力属于陈离的部队。起义后，陈离受到了国民党的处分，但仍然参与营救中共党员和进步人士。

陈离

1934年陈离与中国共产党恢复联系，协助建立川东地区情报网。红军长征时，他帮助萧克率领的红军顺利通过四川。陈离1937年任127师师长，跟随邓锡侯总司令出川抗日。陈离到达太原后，与八路军太原办事处处长彭雪枫建立了联系。

1938年，陈离和41军122师师长王铭章奉命死守山东滕县，其间，他曾数十次寄回家书宽慰父母，表达了战场厮杀的激烈和川军必胜的信念。滕县保卫战为台儿庄战役赢得了时间，王铭章阵亡，陈离负伤。陈离住院期间，蒋介石、李宗仁、周恩来、朱德等国共领导人均表示慰问。

1939年，陈离在湖北以武器弹药支援新四军李先念部，事情泄密后，被免去军职，于1940年调回重庆中央训练团受训。1943年9月任四川防空副司令，次年任成都市市长。1946年因拒绝执行省主席张群查封《华西晚报》的命令而被再次免职。1947年6月任泸州行政督察专员，1949年1月又被撤职。陈离最终出现在国民党暗杀名单上，但是他不仅成功脱险，还顺利劝谏邓锡侯等人策划并参与了四川和平解放。

中华人民共和国成立后，陈离任民革中央委员、全国人大代表、湖北省副省长、中央农林部副部长等职。1977年病逝于北京，享年85岁。

（陈立基　撰稿）

侯少煊

侯少煊，别名宗煜，1899 年出生于今广汉新丰镇。

少年时曾就读于三水湔江高等小学堂及华阳中学。在成都商业场金盛隆绸缎铺做店员期间，与川北边防军部司令赖心辉相识。1922年，赖心辉部在广汉清乡，抓捕三水正谊社袍哥 10 余人。正谊社托侯少煊营救，侯少煊带赖心辉亲笔信回广汉，结案时除 1 人被杀外，其余释放。同年，正谊社接收侯少煊为袍哥五排。侯少煊离开金盛隆后，与人合资在新开街开办信永机房。

1927 年，侯少煊出任成都禁烟总局南区禁烟稽查主任，开始做鸦片烟生意。1928 年至 1931 年期间，兼营大米、小麦和纸烟等买卖，并伙同一些川军军官摆赌抽头。

1932 年 3 月，川军 24 军军长刘文辉委任侯少煊为 24 军咨议。当时，24 军与 29 军田颂尧部准备开战，刘文辉要侯少煊秘密探测田部军情并联络袍哥及地方团务人士。11 月，田刘开战前，侯少煊率领直属部队协同石少武全旅和机、炮各 1 营，并联络张绍泉、杜茂之等袍哥队伍，共八九千人，取道新都、金堂、广汉、进攻德阳。田颂尧部在德阳存有银圆 80 万枚和子弹 200 万发，却只有 1 个连看守。石少武部等开至金堂姚渡时，侯为顾全与 29 军旅长曾甦元的同乡关系，一面与石少武、张绍泉等商谈，决定改变计划，取道中江，直达29 军军部所在地三台；一面暗中派人向曾甦元透露军情。29 军援军从射洪、中江开抵金堂淮州，石少武等部退至廖家场、石板滩一带，守护成都。

1933 年 10 月，侯少煊去绵阳曾甦元旅部任咨议和 29 军警备司令部上校参谋，为曾甦元旅部提催安县、绵竹两县军款。曾甦元部开赴通（江）、南（江）、巴（中）被红军歼灭后，侯少煊又协助收容整理该旅的残部。同时，与曾甦元到碧口、宁强、阳坝等地经营枪支、子弹和鸦片等生意。

1937 年 8 月，侯少煊与他人合伙成立同德烟土推销行，并出任董事长，总办事处设在成都北新街，常驻成都及绵阳两地。同德行从汉中等地购进鸦片，运到绵阳、剑阁等 10 余县推销。12 月，侯少煊被委任为川军 124 师驻蓉通讯处主任，管理该师后方军属及前方病假人员。

1938 年 8 月，川康绥靖公署主任邓锡侯任命侯少煊为公署上校参军，12 月，又任成都纱帽街袍哥组织同仁公社长。

1939 年 8 月，同德烟土行停办，侯少煊又以同德行股东为主要成员，筹组信华银号，并出任董事长。侯利用袍哥社会关系，串通四川省政府及省禁烟当局，将同德行封存的烟土 3 万两全部发还，运回广汉附近各县推销。

1940 年 6 月初，广汉发生反对强行征兵的围城事件，侯少煊回县调解，使事件平息。

1941 年，侯少煊出资 5 万元，在广汉县城武庙兴办兴华小学。1944 年，侯少煊任成都中新街合营中孚公司董事长。1945 年在四川省参议员竞选中，侯少煊击败由省党政当局提名的陈斯孝而当选。

1946 年，侯少煊由吕寒潭介绍参加政治评论社。次年，又由牛范九介绍参加邓锡侯为首的复康社。1948 年，侯少煊参加吕寒潭、蹇幼樵等秘密进行的反对王陵基提出的征收省级公粮、扩充保安团以防共的议案，使议案几次未获通过。侯少煊在省参议会中，与张秀熟等交谊较厚，多次接受教育帮助。

1949年12月初，侯少煊派人将邱矗双等送到彭县参加刘文辉、邓锡侯、潘文华主持的起义。12月20日，侯少煊又去彭县，将他们写给董宋珩、曾甦元的信带回广汉，同时带回一些起义文告和《约法八章》等。在广汉，侯少煊接受联工委的部署，从12月23日起，组织警察和袍哥武装100余人维持县城秩序。同时，由侯少煊出面对欲毁掉武器逃窜的国民党军平射炮营进行劝导，供给粮食，并共同维持秩序。在解放军进驻广汉后，该营人员和武器由解放军接管。12月30日，侯少煊又应解放军华纯科长之邀，同到金堂赵镇和国民党军杨汉烈等商谈起义事宜。

1950年初，匪首袁旭东邀侯少煊参加暴乱，侯少煊及时向人民政府交出袁旭东给他的邀请信。1950年4月，侯少煊出任广汉县各界人民代表会议副主席，继任广汉县政协副主席和省政协委员。1957年，侯少煊被划为右派分子。1979年得到平反，继续担任县政协副主席和省政协委员。1983年8月31日病逝于广汉，享年84岁。

（秦世忠　撰稿）

杨析综

杨析综，四川大邑人。1928 年 9 月出生于大邑。四川大学中文系毕业后，于 1950 年 2 月参加工作，1952 年 9 月入党。1963 年 1 月，任广汉县县长，1966 年 4 月，任广汉县委书记。

杨析综

杨析综上任伊始，广汉尚未走出"大跃进"造成的"三年自然灾害"的阴影。他雷厉风行，白天实地考察，晚上研读农田水利、水稻品种、农肥制造等科技著作，运用于实践，由外行变内行。在完善农田水利方面，他指挥得力，干部群众积极性调动充分，在半年时间内便完成了修复和更新灌溉渠道工程。此后，他召集专业会议，研究分析水稻新品种，提高水稻产量。他派出专业人员远赴大江南北选种。当时的农用肥源主要来自农户养猪所产猪粪。农业在面临饲料匮乏的情况下，杨析综双管齐下，划给农户种饲料作物的专用地，鼓励农户多养猪，多投肥，利用秸秆酿制糖化饲料，并推广到每家每户，农用肥料短缺的现象得以改善。广汉农村经济得到恢复与发展。全县粮食总产量年净增近 4000 万斤，农民的生活也得到相应改善。

广汉曾是血吸虫病的重灾区。杨析综又部署了一场消灭血吸虫病的歼灭战。血吸虫寄生在人畜体内，血吸虫病症状是起风疹块、腹水、肝脾肿大、便血便脓，严重影响到农民身体健康。当时广汉农村有的大队、生产队患病率高达 51％以上。青壮年大多病倒了，成熟的庄稼也无人下地收割。面对血吸虫肆虐的严峻情势，杨析综亲自指

挥，在全县 22 个公社的地面上搭建简易的"野战医院"64 所，由公社备办地铺，患者自带被褥，医院提供药物和医疗服务，收治全县农村所有病患人，同时清理和消灭血吸虫中间寄主——钉螺。血吸虫病的防治取得卓著成效，得到了上级主管部门的肯定。随后，国家卫生部在上海召开血防工作经验交流大会，杨析综出席大会并做了大会发言。

"文化大革命"开始后，杨析综被打成"走资派"。

20 世纪 80 年代中期，杨析综任四川省委副书记、省长。他对广汉依旧一往情深。广汉作为全省三个农村改革试点县之一，他频繁视察广汉，关心广汉经济发展进程和人民生活改善情况。杨析综思维敏捷，视野宽远，在全国率先推行农村家庭联产承包责任制，为四川的改革开放和经济发展做出了重要贡献。

1985 年 5 月，杨析综就任中共河南省委书记，在深化农村经济体制改革的同时，大力推进企业、科技、教育以及流通领域的多项改革，为河南的经济发展，社会安定做出了重大贡献。

晚年的杨析综，出任四川省人大常委会主任兼党委书记。1999 年 11 月离休，2007 年 7 月 21 日病逝于成都，享年 79 岁。

（陈良藻　撰稿）

常光南

常光南（1926 年 10 月—2017 年 7 月），河北省隆尧县人。1947 年参加人民解放军，1971 年任中共广汉县委书记。1983 年 8 月任中共德阳市委副书记，10 月任德阳市人民政府首任市长。1988 年 2 月任德阳市政协主席，1993 年 10 月离休。

常光南

常光南任广汉县委书记期间，将广汉农村的改革探索汇报到四川省委，在省委的支持下，扩大到一个公社试点。1978 年 1 月 29 日，中共广汉县委批转农林水电局《关于金鱼公社整顿经营管理建立生产责任制的试点报告》，在广汉金鱼公社（今金鱼镇）率先实行农业生产的"分组作业，以产定工，联产计酬"责任制，即组成了 300 人的工作队，开赴金鱼公社 4 个大队的 116 个生产队，普遍建立起"分组作业、定产定工、超奖短赔"的生产责任制。1978 年秋收之前，四川省委又派工作组到金鱼公社调研，工作组写成的金鱼公社的试点经验报告经省委批示后，以《工作简报》的内容号召全省学习。1978 年底，金鱼公社粮食产量比上年增长了 22%，增产比例近一倍。1979 年，广汉县委决定将金鱼公社"包产到组"的试点经验向全县推广。

1980 年 6 月 18 日，广汉县向阳摘下了"人民公社"牌子，换上了"向阳乡人民政府"的牌子。这是中国挂出的第一个乡人民政府的牌子。"向阳公社摘牌"没有放鞭炮、没有开大会庆功，一切都是悄

悄地进行。半年过后，中共中央正式下达"改社建乡、政社分开"的通知。

1981年1月30日，中共四川省委对广汉的请示做了批复："经省委讨论，同意按广汉县委所报体制改革方案进行试点。"至此，广汉撤销人民公社的改革得到上级的正式认可。1981年，广汉县各乡镇先后取消了人民公社，成立了乡人民政府，正式结束了人民公社"政社合一"的体制。

1983年10月，中共中央、国务院发出《关于实行政社分开建立乡政府的通知》，人民公社逐步退出历史舞台。广汉向阳也由此获得了"中国农村改革第一乡"的美誉。

1988年底，评选改革开放前十年的"四川十件大事"，四川日报推荐的100个事件中，"取消人民公社体制"的得票名列榜首，人们没有忘记，改革者勇敢的第一步。2008年，纪念改革开放30周年，常光南这位82岁的老人，因当年在全国勇闯农村政治体制改革禁区的举动，成功入选"改革开放三十年风云人物"。

常光南回忆道："我这一生中最满意的事就是'包产''摘牌'。"在他看来，正是有了"中央支持，省里支持，群众拥护"，所以广汉县从西高公社1976年悄悄搞"包产"，金鱼公社1977年大规模试点"包产到组"，向阳人1980年全国第一个摘下了人民公社的牌子……

广汉农村改革的进程，尽管充满艰难，但是最终走出属于自己的发展之路。

（陈立基 撰稿）

刘古愚

刘古愚，1873年出生于广汉。考中秀才后补为廪生。在广汉执教数十年，办私塾、当西宾，后任劝学所劝学员、师范讲习所所长，广汉县模范国民学校第一任校长、广汉孔学会会长等职务，因办学有功荣获"四等文杏章"。

刘古愚是广汉最早一批同盟会会员，又是广汉妇女"大足会"会长、广汉县文献委员会会长、广汉图书馆馆长。刘古愚1940年因病去世，终年67岁。

（庄公白　撰稿）

陈顺骧

陈顺骧，广汉县三水镇人。光绪中入泮，继而秋闱获捷，旋赴北京应考，殿试为三甲进士，任礼部翻译处文书科主事。三年后外调湖南凤凰厅知府，任满回京，致仕还乡后主办三水嘉乐书院，并筹建清远桥。

（庄公白　撰稿）

梁 华

梁华

梁华，1909 年出生于广汉县上南街。1920 年到成都纺织作坊当学徒。1922 年加入社会主义青年团，1923 年加入中国共产党，先后在成都、重庆参加党的各种工作。1940 年去延安中央学校学习。1945 年被选为中共"七大"代表。中华人民共和国成立后在中共西南局工作，后任四川省委监察委书记。1956 年 2 月 27 日病逝，年仅 47 岁。

（庄公白　撰稿）

张继寅

张继寅，字亮尘，广汉雒城镇人。1906 年 8 月出生。1920 年进入成都川师附中就学，1924 年在北京法政大学读书，后于西北陆军干部学校学军事修工兵专业。毕业后到冯玉祥所属部队任上尉参谋，后升任少校参谋兼士官教育队队长。1927 年起，先后任中校团副、参谋、陆军大学兵学研究院上校战术研究员、兵学教官、少将教官、少将高参等职。1947 年任川南师管区少将副司令，1949 年 12 月任

72 军军政干部学校少将教育长，12 月 11 日随军在宜宾起义。

1950 年入重庆西南军区高级研究班学习，1952 年被遣回广汉县城关镇交群众管制三年。1957 年任城关镇私立初中补习班教师，后被划为"右"派。1980 年平反后，经成都军区政治部复查，恢复起义人员身份。1981 年任广汉县政协委员，驻会工作。1983 年被选为德阳市政协副主席。1984 年 4 月选为广汉县政协副主席。1989 年被省人民政府聘为四川省文史研究馆馆员，同年 9 月 29 日病逝，享年69 岁。

（庄公白　撰稿）

文化名流

李 尤

　　李尤，字伯仁。他是四川汉代继司马相如、扬雄、司马迁、班固之后的著名文学家、史学家。李尤出生于雒县（今广汉市雒城镇）。少年时期在父亲的熏陶下，奠定了雄厚的文学基础。

　　李尤经常参加学友的吟诗聚会，凡是附近找他作赋、写铭、写诔，无论是百姓，还是士绅；无论是熟人亲友，还是慕名而来的陌生人；也不管有无报酬，来者不拒，总是让登门者高兴而来满意而归。雒县县城附近的人都赞扬李尤是个"小茂才"。

　　李尤20岁后，外出游学，扩展视野，增长见识，同时访友寻师，进一步深造。

　　李尤北上，数年中入陕西秦川，出函谷关，游山西，再沿黄河东下，进入京都洛阳。他决定在洛阳住下来，认真学习，寻师访友，拜会社会名流。

　　洛阳城中的贾逵，任职侍中，是个随侍皇帝左右、主管顾问应对的官员。贾逵喜欢吟诗作赋，又爱研究五经和天文。他从东门一家旅店经过，看见李尤手捧一幅绢高声朗诵："洋洋河水，赴宗于海。经治中州，龙图所在。在昔周武，会于孟津……"贾逵听过许多篇赞颂黄河的铭文，都不及李尤所做的这篇气势磅礴。李尤的这篇文章把历史与地理、古代与今朝清晰地展现出来。贾逵找李尤谈了一阵，又看了李尤写的几篇赋、铭。他回宫后向汉安帝推荐李尤，认为李尤是个人才，有司马相如和扬雄的文风。不久，皇帝让李尤到宫中的东观殿作赋。皇帝看了李尤现场作的《东观赋》十分赞赏，任命他为专门管

理国家图书、典籍、编写文史资料的兰台令吏。后来李尤升任谏议大夫,并受诏与刘珍编纂《东观汉记》。

汉安帝原立刘保为皇太子,后欲废刘保为济阴王。李尤以谏议大夫的身份上书力争,终于说服了汉安帝。刘保即位后,任李尤为乐安相。李尤活到83岁,安然辞世。

据《后汉书·文苑传》记载,李尤著有赋、铭、诔、颂和《七叹》《哀典》等28篇,今仅存赋5篇、铭16首、《七款》1章,另有《蜀记》《兰台集》2卷。李尤晚年还写过一首《九曲歌》,只存"年岁晚暮时已斜,安得力士翻日车!"两句,其诗雄迈沉郁,颇为后人所传诵。

刘勰在《文心雕龙·铭箴》中评论:"李尤赋铭,志慕鸿裁。"

《隋书·经籍志》著录有李尤的文集,但已散佚。唐人欧阳询等编辑的《艺文类聚》中,收有李尤作品。《汉魏六朝百三家集》中,有明人张溥题词的《汉兰台令李伯仁集》,内有赋5篇、铭85首、序1篇、《九曲歌》2句、《七款》1章。张溥还说:"《后汉书》文苑二十八人,李伯仁与其选,亦文章之杰也。"

《汉州志》保留有李尤的赋五篇:《德阳殿赋》《平乐观赋》《东观赋》《函谷关赋》《辟雍赋》。铭文十六篇:《堂铭》《京师城铭》《东观铭》《德阳殿铭》《云台铭》《平乐馆铭》《高安馆铭》《太学铭》《明堂铭》《河铭》《琴铭》《舟楫铭》《漏铭》《漏刻铭》《灵寿杖铭》《镜铭》,还有《七款》一篇。李尤的作品为后代留下了珍贵的历史文化遗产。

(李成元　编撰)

张邦伸

张邦伸，字石臣，号云谷，祖籍湖北麻城。清初张氏一族迁居汉州，父张越，字凌霄，汉州廪生，聪慧能文，尤笃孝友。乾隆年间，汉州瘟疫流行，张越的兄长张超夫妇均染疾，张越亲自煎药服侍，衣不解带数月，不幸自己劳累染疾，英年早逝，留下两子，长子仁寿七岁，次子邦伸仅二岁。张越临终希望两个儿子以文学传家。张邦伸的母亲程氏含辛茹苦，择师授业，耳提面命，孤灯纺绩，督课二子。

张邦伸自幼勤学苦读，博览群书，十八岁补博士弟子员，二十四岁中举，调河南任辉县、光州、襄城和固始知县。

辉县为河南财赋收入富裕之地，但劣吏游民经常无端闹事、风气不正，张邦伸经过大力整治，社会风气日渐好转，后改调光州通判。光州署衙设在与安徽接壤的乌龙集，光州盗匪出没，民风剽悍，张邦伸决心狠抓治理，派员捕捉魁首并绳之以法，群盗遂销声匿迹。同时张邦伸清理积压讼案，一年便结案三千八百多件，且无一件不服上诉，光州城乡从此得以安宁。光州连续四年干旱，作物歉收，民众生活艰苦，应予救济，为把工作做到无滥无遗，张邦伸深入民间调查访问，然后按户分为中、次和极贫三等，核实准确，分别给以赈济，终于渡过难关。光州遭遇蝗灾，他又亲自上阵，督衙司人员下乡催促农民深挖沟渠，以布遮挡一面，数百人持拍笆驱逐，蝗涌如潮，被逼堵坠入沟中，再用杵令死。夜间燃烧火炬，诱蝗虫来扑火光，又迫坠沟死，逼悬牌定价购买死蝗，老百姓愈加千方百计捕杀，大获战果。布政使闻知，特表彰张邦伸"此出力捕蝗第一员也"。

因治理有功，张邦伸调任襄城知县。襄城地处交通枢纽，常有上司车马往来于途，送往迎来少不了要派差派车。往年因派遣不公，引起窃窃私议，张邦伸改革为凡有车马者，开列名单，轮值当差，绅民无不暗自心服。襄城有义仓，是为调剂困难户之用，春贷秋还。管仓小卒趁机短秤克扣，剥削民众，又借口鼠耗，私加贷息，被张邦伸发现，严加禁止，惩治作弊，民众从贷谷中得到实惠。

襄城有众多古迹名胜，张邦伸分别寻访，并建石坊，筑亭阁，书写匾联，加以保护。当地民众对他的评价是："理政民和，案牍清简。"

固始县旱情严重，赤地千里，饥民围喊请愿，闹得沸沸扬扬。张邦伸赶到固始县任职，刚下车就先接见围城饥民，他体恤有加，疏以义理，饥民逐渐安定下来。张邦伸上书请调用邻邑库银五万两，又发动大户捐谷六千余石，对受灾民众发放口粮和种子，生产自救，五十多万灾民得到赈济。对流落四散的灾民，张邦伸开办粥厂五所，施救一万六千多人，张邦伸每天微服四处查巡，使差役不敢从中贪污作弊。

期间有民急奔署衙，申报女儿被杀害。据称，原告外出归家敲门，久无应声，破门而入，见女被缚于柱上，口塞棉花而亡。张邦伸速亲自往民宅察验，发现后墙有足迹，于是不动声色，详查家中遗失钱物，下令传唤亲友到公廷，逐个呼名目视，见形色有异者，详细诘问，窃贼如实交代，很快人赃俱获，民众佩服其断案如神。

适逢黄河堤决，四周成泽国，张邦伸考虑再三，采取水中挖沟，使岸边水趋中流，两旁淤泥渐固，仅两旬就修好了二十余丈决口，朝廷决定嘉奖张邦伸，拟上调任郑州职事，但因其母病逝于衙中，便按礼制因扶柩归乡。

张邦伸回到汉州桅杆村张家后营，以著述为己任。在家中张邦伸一面督课弟子，与友好探究疑难，同时他助修汉州文庙，赈济宗族孤独无依靠者。有同年任职江宁，因事发被刑部拘狱，留下妻子独处异地，他以同年之义，将其接回四川。张邦伸的授业师高白云卒，遗下贫妻晋氏，他承担供养义务长达二十余年，直到晋氏去世。

张邦伸为官期间，卓有政声，林下赋闲二十二载，棋书自乐。在国为循吏，在乡为鸿儒。

张邦伸喜欢诗词，一生创作诗四千余首，亲自删减，集成《云谷诗抄》八卷，另有《云谷文抄》四卷。"无非功善规过，激浊扬清，又取关乎风化，而不以剪红刻翠为工，词取乎贤愚，而不以风云月露为巧"是对他诗文的中肯评价。

张邦伸的著述，除诗文集以外，还有《唐诗正音》十卷，《明诗七律选》二卷，《排律韵萃》四卷，《全蜀诗汇》十二卷，《热河纪行草》一卷，《氾南诗抄》四卷，《云栈纪程》八卷，《地理正宗》八卷，《光州通志》六十八卷，《固始县志》二十六卷，《绳乡纪略》十二卷，《锦里新编》十六卷，《西园唱和集》一卷，《庆诞录》一卷和《维桑集》。这些著作大体涉及诗文和律诗选本，音韵音律、游记、地理考、人物志、轶闻、读书札记。张邦伸著述之多堪称"汉州第一人"。

汉州张氏祠堂甚多，遍布城乡。张家后营宗祠"益兰祠"，为张邦伸主持创建，张怀泗后又增修。

（张白帆 撰稿）

张怀泗

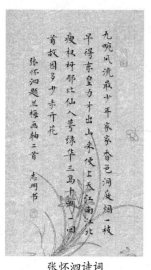

张怀泗诗词

张怀泗，字环甫，号临川，他出生那一年，正是叔父张邦伸中举之年，"百忍祠"双喜临门。张怀泗七岁好学，聪明善悟，应童子试，成绩优秀，主考官罗公以"食饩"供给膳食和学费，成为弟子员。后游学成都锦江书院，其弟怀溥和怀浩也随同入锦江书院，受到主讲彭乐斋的器重。

1779年，张怀泗中举，授以怀来县知县。因道路受阻，未能迎养母亲，他便寄些食品和衣簪等回家，以表孝敬。在怀来上任，适逢蝗灾，他积极发动群众扑打，蝗乃悉灭。后调任顺义县，顺义是通衢要道，皇帝巡幸热河，顺义是大队人马必经之境，先遣人员车马纷纷，当地衙门既要忙接待伺候，又要筹办粮草供给，碍难办理。但因当地地瘠民贫，负担不起。张怀泗挺身而出，主动减轻了百姓的负担。

邻县发生一件少女被杀案，经审讯为宿奸致死。发到顺义县代审张怀泗接案后，传审案犯，不逼不供，动之以情，明之以法，晓以大义，教育启发，案犯终有所悟，遂如实招认，少女得以追彰为烈女，民心大快。

张怀泗虽性情耿介，却通情达理，顺义前任知县病死任上，亏空库银二万多两，他半途接任，并未推诿搁置不理，而是负责设法填补，还解囊赠送钱给其眷属，运送灵柩回乡。因为他勤于政事，俯察民情，百姓爱戴，人称"张青天"。调任宛平知县后，有名震京城的大盗，绰号"老贾"，夜出昼伏，抢劫钱财，无所顾忌，弄得人心惶惶，官府四处张榜通缉。"老贾"潜逃到宛平藏匿，张怀泗得到消息，立即派人暗中查访，终于将老贾捕获，解押收监。速报上级处置，不料上司时而叫"保举知府"，时而又"共同协办"，公文往来，拖延不决，个中夹杂私利，未能迅速处决。"老贾"有隙可乘，竟至越狱逃脱。皇帝闻知大怒，要追究总宪和府尹责任，因而连累宛平县，京城中人为张怀泗扼腕叫屈，他却并不介意，解下印绶，准备归田为民。

当时有土匪猖獗作乱，仁宗指派永将军负责安抚。永将军闻知张怀泗有才能，亲自召见，挽留他到幕下。永将军待之以礼，张怀泗坐府献策，掌握战机，捷报频传，匪乱平息，凯旋回师。张怀泗有战功，永将军知道他是一员良吏，上报恢复他原官原职，张怀泗却不为所动。

1802 年，张怀泗回到汉州斑竹园老宅，以经史授生徒，主持讲道书院三十六年，求学者数以千计，学有成就的不下百人，列于署衙为官员的亦有数十人。张怀泗桃李满天下，夫子之名扬于四方。尚书汤敦甫主持蜀政，以"谈笑春风，精神秋月，文章余事，道德初心"十六字相赠，这是对张怀泗的评价和赞誉。

张怀泗聪明勤奋，好学善书，其翰墨是汉州楷模，至今为人所珍藏。他的著述有《抱经堂古文》四卷，《抱经堂今文》四卷，《榴梅山馆诗抄》四卷，《读书蠡测》四卷，《神游纪略》四卷，《九十九峰笔记》四卷，《西安闻所闻》四卷，《杨诗见所见》四卷，《汉州志》四十卷，《补释原真水法图局》一卷。

（张白帆 撰稿）

张祥龄

张祥龄，字子馥，亦字子宓。1853 年出生于广汉新平乡土城村，清末词人、书法家。其父张选清是咸丰年间的举人，曾任江津县学教谕。

张祥龄自幼刻苦学习，以优异成绩考中秀才。1875 年，进入成都尊经书院学习。1879 年，四川学政谭宗浚征集尊经书院学生三年中所作的超等卷，刊刻为《蜀秀集》。张祥龄所著《皇侃〈论语〉疏跋》《释襄》《秦郡县考》《问贾谊陈政事书》等均被收入。同年冬，湘潭王闿运到尊经书院任主讲，张祥龄从王钻研经学，攻《公羊春秋》。张祥龄刻苦努力的学习精神，深受王闿运老师的赞许，王闿运对其关爱有加。王闿运精研《昭明文选》，张祥龄也长于骈体文，《尊经书院初集》中所刊张祥龄著作《拟养生论》《拟陆机演连珠》及《巫山神女祠碑铭》等，均有六朝风格。张祥龄在尊经书院学习期间，经双方父母同意，和华阳曾彦结婚。曾彦出生于世代书香之家，工剪彩、刺绣，又擅长诗文书画。王闿运得知曾彦明慧、工诗画，便收为弟子，和自己的两个女儿一起研读，写诗著文。

1885 年，张祥龄被选为拔贡。同年，四川布政使易佩绅移任苏州，张祥龄应邀前往，夫妇两人寓居乌鹊桥畔。在苏州期间，张祥龄和当地名流郑叔问、易实甫等人结词社、联句唱酬。张祥龄在苏州期间同词友相互学习，共同切磋，创作了不少脍炙人口的辞章。

1889 年，张祥龄应乡试中举。1891 年，曾彦在苏州病逝。曾彦著有《桐凤集》《虔恭室词稿》各一卷、《妇典》三十卷，刊行于世。

1893 年，张祥龄到北京应试，中三甲进士，授翰林院庶吉士。1896 年，出任怀远知县，历署长安、襄城、大荔。张祥龄为官清正廉明，忠于职守，勤政廉政，政声卓著，深得百姓爱戴。1903 年 3 月张祥龄于大荔病逝，年仅五十岁。1907 年，其子张宣，护棺归里，葬父于汉州乐善桥张氏祖茔，井研廖平为其作《墓志铭》。

张祥龄著有《经支》《黄金篇》《六篾》《受经堂文集》《媿林漫录》《子宓持抄》《前后蜀杂事诗》《半箧秋词》《吴波鸥语》《受经堂词》等。戴安常将共诗作选编入《近代蜀四家词》，并附有《张祥龄小传》。

张祥龄书法精妙，成都文殊院藏有他书写的对联。

张祥龄中进士，入翰林，结束了汉州清代无进士、缺翰林的历史，他们夫妻二人是广汉人的骄傲。

（李成元　撰稿）

王琼林

王琼林，字朗如，雒城镇人。1848 年考取秀才，次年中举后，毅然加入汉州"雅雒班"唱川戏，他看透了官场的黑暗，不愿做官，而醉心于川剧艺术。

1851 年，王琼林加入了广汉城隍庙中的雅雒班唱川戏后，王琼林把全部精力投入学戏唱戏。广汉相邻的绵竹县，有个秀才肖遐亭，也迁居广汉雒城镇定居。

王琼林与肖遐亭一见如故，情投意合。为要提高自己的写戏和唱戏能力，使川剧艺术更上一层楼，他俩学习其他剧种和名演员之长，补自己之短。于是，他俩一道去成都、重庆、上海取经学艺，技艺水平显著提高，名声越来越大。

金堂瑞华班聘王琼林任班主，汉州金华班则聘肖遐亭任班主。因王琼林主演《单刀会》中的关羽，肖遐亭主演《风波亭》中的岳飞，分别得到"活关羽""活岳飞"的尊称。他们俩合编的《战江源》公演后，得到了众多好评。

1882 年，北京的四川籍官员，邀约几个戏班去演出。王琼林在北京演《醉草黑蛮书》，突出表现了李白的才气和傲性，受到观众一致赞扬，获得"戏夫子"雅号。

1885 年春，王琼林与肖遐亭合编大戏《战江源》，在雅雒班、自贡大名班、成都泰洪班，先后公演。同年秋，王琼林受金堂县袍哥大爷陈金瑞之骋主持瑞华班，一边演戏一边培训科生。稍后，广汉袍哥大爷廖搏九创建金华班，聘请肖遐亭主持。

1904年，四川总督选送九个川戏班子进京为慈禧祝寿。王、肖二人位列其中。看惯了京戏的慈禧太后，乍见川戏倍感新奇，加之演员们的功夫过硬，表演到位，受到慈禧太后和众多京城官员和观众的好评。最后评出的"川剧四大状元"，分别为崇庆羊懿班花脸罗开堂、自贡大名班丑角岳春、汉州金华班"活岳飞"肖遐亭、金堂瑞华班"活关公"王琼林。

　　王琼林主持的瑞华班，培养出邓文林、胡其林、康芷林、魏祥林等川剧名角。肖遐亭主持的金华班，调教出名丑关金贞、老生兼花脸长建亭、小生赵金山、正生马玉山、老生黄炳南等川剧名角。他们在川剧艺术的发展史上，写下了光辉的一页，为川剧的兴旺和发展做出了卓越的贡献。

　　　　　　　　　　　　　　　　（李成元、 罗南　撰稿）

钟登甲

钟登甲，原名钟启和，字多寿，1852 年生于广汉和兴乡。

钟登甲十三岁时，就开始系统学习《函海》。后在父亲支持下，毅然卖掉祖业水田五十六亩，用来搜求《函海》各种版本及其他乡贤著作，并亲自主持校订，请工匠在和兴钟家字库刻书，于 1882 年付梓。广汉钟登甲乐道斋刊本行世的《函海》共收一百五十九种书籍。钟登甲刻本的问世，使更多的学者了解四川历史，熟悉杨慎、李调元等川籍诗人诗作，也为中华民族保存了极为珍贵的历史典籍。其中 1802 年单行本《罗江县志》，仅北京图书馆，美国国会图书馆，四川省图书馆各藏有一部。钟刻《函海》现存十七部全本，四部残本，由各地图书馆所藏。

钟登甲还刊刻了《东坡诗文集》《丹渊集》《四书注疏》《皇清经解》《周易本义注》《周易要义注》《四书旁训》《岷江源委》《订正春秋提要》《蜀景汇考》等文学、哲学、历史、地理书籍。《岷江源委》一书是钟登甲根据北魏郦道元《水经注》中《岷江源流》作为基础，融入作者对岷江溯流而上的实地考察，加以增订校注出版的。钟登甲为搜求图书，卖田卖地，节衣缩食，三次北上京城收书，甚至不惜倾家荡产。钟登甲在传播文化，校雠整理和出版四川古籍，撰述四川地理、历史、中医、哲学以及易学领域等都做出过较大贡献。

钟登甲和其弟钟启宇一起到成都乡试，钟登甲考中举人，但未得授职，便在成都学道街开乐道斋书铺。钟登甲赴京参加会试，会试未第，遂入北京崇文馆做誊录工作。在京数年，他翻阅了大量的珍籍秘本，常往琉璃厂购求各种珍版书籍，也将自己刊刻之《函海》在琉璃厂书市出售，因而与许多书商、学者、名流相识。1890年再次参加会试，钟登甲未能选为贡士，从此绝意仕途，但仍供职崇文馆做誊录，抄写古籍善本，并撰写《四书旁训》《周易要义注》《蜀景汇考》等著作。1899年因惦念家乡及成都书铺，钟登甲遂返回四川，而成都学道街书铺已因"窃贼两至，卷尽家资，回禄一经，扫空书铺"而歇业。1900年，钟登甲第三次北上京城，目睹了八国联军攻入北京烧杀掠夺的暴行，而他在北京所置居所也被烧掉，只好逃至京郊沙河镇为人看相算命暂时维持生计。1901年，钟登甲返回汉州，在城内开设征文斋书局，并向社会广泛征购有关汉州的历史、人物及各类笔记等文稿，同时准备撰写汉州志，为筹集资金，他又先后在汉州高等小学堂，三水湔江书院担任教职。

中华民国初年，钟登甲被推选为广汉县议事会议长，因其热心公务，服务桑梓，担任该职一直到1926年才因健康原因而辞职。钟登甲在议长任职期间敢于为民请命，为地方争权益的文章至今还保存在广汉市档案馆。

1910年汉州高等小学堂改为汉州中学堂，钟登甲担任学堂监督，之后担任广汉县女子高等小学校校长和广汉县职业学校校长、广汉县县立乙种农业学校校长。1939年钟登甲病逝，享年79岁。

（钟志武　撰稿）

李成祥

　　李成祥，1888 年出生于广汉雒城镇。祖父李孝先早在清代中叶就在汉州开始制作潮扇，时人称之为"汉州潮扇"，由于他使用的招牌，是"李宽裕"三字，所以，人们又称它为"李宽裕潮扇"。在清初"湖广填四川"的历史大潮中，潮扇是随着移民四川带来的传统手工艺品，它是一种竹制团扇。李孝先制作"李宽裕潮扇"的时间，大约在清嘉庆年间。

　　李孝先制作潮扇出名之后，其艺世代相传。1913 年，李成祥继承祖业，从事潮扇生产，他大胆改革，勇于创新，对潮扇选料到制作工艺，都进行了大胆的改进。李成祥主要对汉州潮扇的制作工艺进行了五个方面的革新：第一，改慈竹扇骨为斑竹扇骨，增加了扇骨的韧性和弹性，使扇骨更为牢固；第二，改黑绫色扇边为卤漆色扇边，使其更为美观和耐用；第三，改竹质扇柄为象牙或红豆木精雕扇柄，使整把团扇更为华丽，更为典雅，也更加名贵；第四，全扇由 200 根均匀的斑竹细丝组成，用丝线串联编织成型，再用白绢贴上，还要专门请书画工匠在白色的绢上题字作画；第五，在扇形上也做了很大的改进，有燕尾、朝方、玉角、圆、半圆、椭圆等，并盖上"广汉李宽裕"五字作标记。

　　经过工艺全面的改进后，"潮扇"焕然一新，受到了社会各界的广泛关注。汉州潮扇做工精细，外观精美，豪华典雅，所以售价较高，当时一把中等的潮扇，其价位相当于一斗米。因为汉州潮扇制作工艺复杂，属于中高档艺术品，每年制作和销售仅 200 余把。

1937年，李成祥制作的"广汉李宽裕潮扇"，应邀参加四川物产展览会，荣获特等奖。当时的四川省主席邓锡侯出席了该展览会开幕式，对李成祥制作的"广汉李宽裕"潮扇称赞不已，并当场购扇一把。

　　李氏汉州潮扇的制作工艺，由父子相传，不招外徒。李诚祥的儿子李长富，是李氏潮扇第四代传人。1950年至1957年期间，李氏潮扇曾由国家国营商业部门订购，1952年选样2把，1956年选样11把，先后送往北京和国外展览，均获好评。由于汉州潮扇价位较高，加之原材料难购等难于解决，到1958年即停止生产。1959年，李成祥去世，享年71岁。

（李成元　撰稿）

刘继陶

刘继陶

刘继陶，名永尧，清光绪二十八年（1902年）出生广汉今东南镇。其父刘古愚，晚清秀才，曾任县师范讲习所所长，县模范国民学校第一任校长，县图书馆第一任馆长等职，刘继陶幼年随父就读，后肄业于四川大学中国文学院。

1930年刘继陶任成都《新新新闻》报社编辑并加入国民党，1931年任28军5师师部中校秘书，1934年任绵阳县政府秘书，同年到江西星子特训班受训，毕业后任任二十一军政训处少校处员。1936年—1939年刘先后任广汉县政府警佐、县保训合一训练班政训教官、陆军步兵学校上校政治教官。1941年任广汉县征购粮食监察委员会主任，1942年年8月后历任县临时参议会议长、参议会议员、议长并曾兼任修建飞机场征地征工委员会副主任、县"戡乱建国"动员委员会和县自卫委员会主任委员等职。

1949年年12月初，中共民盟广汉县临时联合工作委员会根据上级指示，为加速瓦解国民党及地方势力，迎接解放，于1949年12月5日与刘继陶谈判。刘继陶很快即表示愿意遵守《约法八章》，一切行动听从联工委指挥。刘继陶随即出面对国民党县党部、县政府部分人员及工商界黎敬之、李真祥等进行工作，宣读军委布告和《约法八章》，对广汉和平解放有贡献。1955年，政协广汉县委员会成立时，刘被任命为委员。1958年，被错划为右派，1960年病故。1979年2月平反。

覃子豪

覃子豪，生于 1912 年，四川广汉雒城镇人，又名天才、基。

覃子豪

1929 年进入广汉中学初中 21 班就读。成都成城中学毕业后，考入北平中法大学孔德学院预科，学习法文，开始接触西洋文学，与同校喜爱文学的贾植芳、周麟、朱颜及沈毅共同组成五人诗社，研究浪漫派诗人雨果及象征派诗人凡尔哈伦等的作品，出版诗集《剪影集》。1934 年，覃子豪参加夏奇峰、蒋代燕所组织的读书会，开始阅读高尔基、普希金的作品集和《大众哲学》等书籍。

1935 年覃子豪东渡日本求学，进入东京中央大学主修政治经济，但课余时间全部用来在写诗、读诗和译诗。在东京求学期间，他与同学林林、柳倩、雷石榆等人朝廷新诗创作并从事抗日运动，参加东京的诗歌社。覃子豪与同学李华飞、李春潮、贾植芳等人筹办大型文学刊物《文海》，并执笔发刊词。但《文海》只发刊一期即被日本警察没收，并遭到东京警视厅监视。

1937 年七七事变爆发后，覃子豪遭到特务搜查，他毅然休学，从日本横滨搭美国邮船返回祖国，立即投入到抗日救亡运动中。覃子豪在武汉参加中华全国文艺界抗敌协会并在该会会刊《抗战文艺》和《大公报》副刊上发表不少抗战诗篇。不久，他受郭沫若邀请，派赴浙江东南抗日前线，做部队宣传并主编《前线日报》。

1940 年 9 月，在覃子豪左联支部领导下《诗歌》《文海》等文学杂志社上发表了《大地在动》《少年军进行曲》等诗并参加中国诗歌作者协会，在《诗歌》杂志上同孟英、柳倩、李华飞等联合签名发表抗日救亡宣言。

1942 年，覃子豪任第三战区司令长官司令部政治部设计委员兼陆军 86 军《八六》简报社社长，同时，主编在江西上饶发行的《前线日报》副刊和《新时代》周刊。

1943 年，他辞去军职，到福建漳州创办《太平洋日报》。1944 年，出任漳州《闽南新报》主笔。1945 年，创办《南风文艺社》，主编《警报》的副刊《钟声》，同年出版《永安劫后》诗集和《东京回忆》散文集等。

1944 年至 1945 年覃子豪在福建永安、漳州一带，与画家萨一佛创作反映日本侵略军轰炸永安事件《永安劫后》诗画集，受到当时美国新闻处长蓝德的赞赏，蓝德将部分诗画制成胶片，将诗译成英文，寄往美国发表。

抗日战争胜利后，覃子豪到上海参加进步文化活动，结识章伯钧，经人介绍在上海加入中国民主同盟会。

覃子豪于 1947 年偕妻女去台湾，后因长女在家乡生病，夫人即携次女返回大陆照顾，覃子豪一人留在台湾，从此，他以诗为生。覃子豪先后任台湾省粮食局督导员等职。

1951 年，覃子豪主编《新诗周刊》。1953 年担任"中华文艺函授学校"诗歌班主任。他任职期间，不辞辛劳，亲自设题及批改作业，泽被当年无数青年诗人。当今台湾诗坛精英如痖弦、向明、辛郁、麦穗、秦岳、蜀弓、蓝云等都是他的弟子。覃子豪除亲身撰教材授课外，还以自己微薄收入创办《蓝星诗周刊》，供其学生发表作品。

覃子豪在台湾与钟鼎文等创建蓝星诗社，编印《蓝星》周刊和季刊。他出版的诗集、译诗集、诗论有《海洋诗抄》《向日葵》《画廊》《法兰西诗选》《诗的解剖》《论现代诗》《诗的表现方法》等，其中《海洋诗抄》收入他 1946 至 1952 年间诗歌作品 47 首。作为台湾诗人，覃子豪对自己的诗作、始终谨小慎微地努力求新求精求变，务使每一时期的诗作有不同于前的面貌出现。

覃子豪的诗集《向日葵》收入 1953 至 1955 年间精选诗 23 首，这是他从纯抒情走向现代技术、追求超越的一次成功发轫。诗集《画廊》公认为覃子豪巅峰之作，其中《瓶之存在》一诗已有多篇诗论作专题研究。

1963 年 10 月 10 日，覃子豪因患胆道癌逝世于台北台大医院，终年 52 岁。覃子豪逝世后，台湾文艺界为他出版《覃子豪全集》。1984 年，中国友谊出版公司再次出版《覃子豪诗选》。

1988 年，广汉为纪念覃子豪，在广汉市房湖公园内修建了"覃子豪纪念馆"，纪念馆内陈列着诗人的手稿、遗物、各种版本的书籍和评价纪念文章。纪念馆的匾额由艾青题写，纪念馆房柱上三副对联，分别是彭邦桢撰书的藏头对联"子夜魂归，谷应山鸣，三蜀画廊飞白雪；豪情梦在，星横斗转，九歌云屋上青天"，流沙河撰写"当年望乡千茎白；而今照岛一星蓝"，谢树楠撰文、晏济元题书的"平生宦境同江水；一代诗名继海峰"。纪念馆内，八个大展橱内，展出了诗人各时期的照片和海峡两岸出版的诗人著作，追思悼念文章，作品评论和《覃子豪全集》。展馆墙上挂着林林、贾芝、柳倩、魏学峰等书法家的纪念诗文。1998 年，台湾诗人向明、辛郁等 6 人专程从台湾送来覃子豪的研究文章、回忆录、刊物和钢笔、照片、书刊等遗物。

"两岸青鸟架长桥，苦恋诗魂归故里"，"覃子豪纪念馆"却在诗人的故乡隆重落成。纪念馆右侧，大理石基座上耸立着覃子豪的汉白

玉胸像，雕像目光睿智地注视远方，似带着一腔渴盼祖国统一的拳拳爱国之心，迎接省内外、海内外的凭吊者、参观者。

（陈立基　撰稿）

冯灌父

冯灌父名骧，别号平园。1884 年生于广汉三水太平桥。冯骧四岁读私塾，五岁填九宫格练字，十岁学读《唐诗三百首》。

冯灌父

父母相继去世后，冯灌父跟着其兄冯扬帆生活读书。冯扬帆是晚清廪生，熟悉诗词曲赋，他为冯骧打下了深厚的文学功底。1913 年，十九岁的冯骧考入北洋陆军讲武堂，毕业后在北京陆军部任职。求学期间，专程拜访书法名家彭云谷，两人成为忘年之交。

冯灌父调任热河省都统署军士教导训练所任教育长后，他在工作之余，每天抓紧时间集中精力观赏、临摹书画，书画技艺迅速提高。

1921 年至 1931 年，冯灌父历任四川省陆军第二参议、云阳县知事、四川边防军第六混成旅行营参谋长等职。1940 年升任川鄂边区绥靖公署少将参军。1945 年至 1949 年先后任南溪、奉节两县的储运处处长、长寿县税损处处长等职。工作期间，他一边尽心尽责工作，一边潜心书画创作，完成山水画《夔门瞿塘峡》创作，赢得业内人士的一致赞赏。

中华人民成立后，冯灌父加入西南美术家协会和全国美术家协会。他先后任四川省文史馆研究员、四川省第二、第三届人民代表大会代表、成都市政协一至五届委员、成都市美术社国画组组长。

1969 年 4 月 24 日，冯灌父病逝世于成都，享年 85 岁。

（李成元　撰稿）

姜尚峰

姜尚峰，川剧著名小生，原名江基述，艺名玉曲，1907年出生于广汉城关镇。

广汉连山镇玉清科社是1915年创办于连山镇吴家寨子的剧社，总负责人是乡绅、袍哥大爷侯国全，负责业务的是鼓师周瑞成。周瑞成号称"川剧宿将"，是罗江李调元家庭昆班的第四代科生。姜尚峰13岁报考玉清科社，当时报考玉清科社的童生有两百多人，最后只录取五十人。周瑞成见姜尚峰中等身材，四肢匀称，眼珠黑亮，神采奕奕，有天赋的小生身材、相貌，嗓音也明亮甜润，十分满意。周瑞成给姜尚峰取名玉曲，叫他主学小生。

当时科生的学习任务繁重，五更黎明到河边、溪边练习嗓子。回来练习步法、身段、武功，吃了早饭听老师讲戏。姜尚峰学艺认真，18岁满师后，周瑞成见姜尚峰有志气，叫他到重庆魏香庭处搭班子。魏香庭是康芷林、萧楷成的师弟，当时已是驰名四川、贵州的文武小生。姜尚峰并拜魏香庭为师，在魏香庭的点拨下，姜尚峰的业务水平和文化知识逐渐提高。后来，魏香庭与贵阳一个袍哥大爷签订了三年的演出合同，姜尚峰因不愿意去贵阳，就到内江搭班子。21岁时姜尚峰回到成都，结识了成都五老七贤之一的刘豫波老先生，刘豫波推荐姜尚峰到万春茶园戏班。由于演技功底扎实，姜尚峰在成都站稳了脚跟。

后来，姜尚峰加入了三庆会，向"戏圣"康芷林和名角唐荫甫、萧楷成等著名小生请教。姜尚峰虚心学习他人之长，技艺提高很快。

1943 年成都川剧小生行当成立太子会时，姜尚峰被推举为会长。1951 年，姜尚峰参加重庆市胜利川剧团。1952 年全国戏曲会演中，他同贾培之、周企何、陈书舫等为中央领导演出。他饰演《柴市节》中的文天祥、《逼侄赴科》中的潘必正，得到毛泽东、朱德、徐向前等领导人的一致好评。1956 年姜尚峰任重庆市川剧院二团副团长，同年，加入民盟，被选为重庆市政协委员。

　　1977 年病逝，享年 70 岁。

（李成元　撰稿）

江德清

江德清，笔名荻青，四川广汉人，1923 年 10 月出生于广汉中兴乡。江德清天资聪颖，读初中时开始写诗，并涉猎鲁迅、郭沫若、巴金等人的著作。

1943 年初中毕业后，江德清考入四川省立内江高等实业学校，在校内创办壁报《野草》，发表诗作和散文抨击国民党的专制统治，传播民主思想。《野草》被学校军事教官勒令停刊后，他以荻青、芦岸等笔名在《内江日报》文艺副刊、四川《新新新闻》等多家报刊上发表诗文，揭露国民党政府统治下社会现实。

1945 年末，江德清从四川省立内江高等实业学校毕业后回乡，就任广汉县中兴学校教务主任。他利用教学之便，在师生中传播革命思想，并加入中国民主同盟。

1949 年 3 月，江德清奉命开办农民夜校就地开展农村工作，以民盟成员江德清、段绍金、肖琼英三人为领导核心，秘密组织农民互助会。农民夜校设在当地的报恩寺内，夜校开设语文、算术、自然三科。先后吸收文盲半文盲的贫苦农民学员 200 余人。通过农民夜校的培训教育方式，农民互助会的会员大都成为能识字、有文化、有政治思想觉悟，有革命斗争性的农村积极分子。

1949 年 12 月 26 日，广汉解放，广汉县人民政府成立。广汉建区后，江德清就任广汉县第六区副区长，负责开展农村经济建设工作。1955 年 1 月，县人民政府增设交通科，江德清调任交通科副科长，负责广汉县的交通路桥建设。

1957年江德清被划为右派。1959年1月摘掉右派帽子，回到原单位交通科工作。1962年机关单位精减人员，江德清回到农村老家。1979年3月，江德清得到平反，任县政协常务委员、民盟广汉支部组织委员，兼任政协文史办副主任，主编《广汉文史》。

江德清是覃子豪纪念馆的筹建组成员之一，负责对外联络收集覃子豪生前的著作、书信、照片、遗物和其他相关资料。

江德清还是一位执着的诗人。台湾《蓝星》诗刊、《乾坤》诗刊和菲律宾华文《世界日报》都经常发表他的诗作和散文。江德清1988年9月7日发表于《世界日报》的组诗《出土篇》，引起海内外诗坛与读者的关注。

江德清品德高尚，先后资助十余个贫困学生。2001年，江德清出资几千元购回白杨树苗1500株，植于老家村路两旁，自费雇工看护管理，村路绿树夹道，风景宜人。

江德清先生的诗作饮誉海内外，晚年仍笔耕不息。江德清于2005年4月逝世，享年82岁。

（陈良藻　撰稿）

黄　原

黄原，又名黄海儒，广汉人，四川美术学院教授，当代著名书画家、卓有成效的美术教育家。1922 年 8 月 28 日出生于广汉三水乡王家营一个普通的农耕家庭。

黄原天资聪颖，勤勉好学，九岁时就在乡镇上出售自书的对联。1939 年，以全县前三名的成绩考入广汉县立中学，获得谢德堪奖学金完成了初中学业。初中毕业后考入绵阳师范学校读书。1946 年在广汉县南丰小学任教员，1948 年在广汉中学任教务员。1950 年考入四川省立艺术专科学校学习绘画，师从教育家李有行、苗勃然、萧建初、毕晋吉等。在四川省立艺术专科学校的学习实现了黄原人生旅途最初的愿望，黄原毕业后留校任教，他把人生最美好的光阴献给了他所钟爱的书法绘画事业和美术教育事业。

黄原在长寿湖下放锻炼、体验生活期间，他创作的油画《狮子滩水电工程》，获得了文化部颁发的全国青年美展三等奖。由于受到传统文化的滋养，黄原深深眷恋国画艺术，研习中国山水画成为他所从事的艺术教育和艺术创作道路的最终归宿。二十世纪六十年代初期，他开办了书法课、国画课，深受学校和学生的好评。

二十世纪七十年代至八十年代后期，黄原在中国书法和山水画的学习、实践和研究中，得到了不少的感悟与收获，作品的个性特征逐渐显现，其书风秀逸隽永，趣韵超然。他所著的《学书览概》，正是他对书法艺术的心得与见解；他创作的山水画则是青绿、浅绛齐头并进，线条书意浓厚，墨色水乳交融，透露出清雅脱俗的娴静之气，

《山川有态象如何》《河间春雾》《雨后鸣清弦》等作品都展现出他创作的全新面貌。

随着生活工作环境的改善，黄原迎来了在艺术道路上顺畅的前进阶段。游三峡、登黄山、观蜀道、赏碑林，黄原的创作热情空前高涨。黄原多次参加学院的对外文化交流活动，出席首届中国书法家代表大会，加入中国美术家协会，担任四川省书协理事、重庆书协常务理事。

1987 年，黄原走下了曾经辛勤耕耘多年的讲坛。在他的学生中，法国当代著名画家法比恩，国内张自启、刘云泉、毛峰、罗维忠、李江、范澍林、王隆兴等著名书画家，都是国内外知名的书画家。

黄原先生的作品在海内外都被收藏，他退休后重返家乡以弘扬传统文化为己任，创建了"墨华艺术研究会"，在川西、川南、成渝等地产生了不小的影响。他从弘扬"优秀传统艺术使命感"中汲取了源源不断的精神动力，并创作了不少力作精品，如《高山力耕图》《林泉访友》《峰壑叠翠》等，其中山水画《蜀山岁月》被中国国家博物馆收藏。

2002 年，创作的长卷《万里秋色图》是他晚年的精品力作，由他赠送给广汉市政府收藏。黄原于耄耋之年还担任三星堆诗书画院名誉院长，不遗余力地关心文化事业的传承与发展。他自己将多年积累的文稿、诗词、楹联、题画句等收录成《对雪楼艺文集》出版。

2007 年 12 月，黄原先生病逝，享年 86 岁。

黄原先生的诗书画文作品极为丰富，其中不乏精品。2016 年 10 月，在黄原先生逝世十周年，由其子黄越先生主编的《游心集·黄原书画艺术》由四川美术出版社出版发行。

（李成元　撰稿）

阳　熙

阳熙，原名欧阳熙，1923年11月出生于广汉南兴中和村。幼年失怙，被广兴乡道士许明达收养。

阳熙自幼勤奋好学，博闻强记，学业极佳，尤喜书画，深得老师和同窗的好评。20世纪40年代初，赴成都研习《中国道教史》，受业于著名学者、书法家陈迹教授。在此期间，又师从画家梁又铭学习绘画和书法，获益良多。1947年，与同窗好友李宗淳寓居青城，朝夕相处，切磋技艺。后因漫画"升官图"而屡遭批判，在"四清运动""文化大革命"中，再次受到批判。

阳熙擅长画梅、兰、竹、菊、松、石、柳、荷，并在广汉市文艺界同仁的推荐下，当选为政协委员。阳熙的作品多次在美国、日本、德国、新加坡等世界各地参展。

阳熙著有《阳熙书画集》和《三星堆诗书画院精品集·阳熙作品》。

阳熙于2012年逝世，享年90岁。

（李成元　撰稿）

陈晓东

　　陈晓东，笔名大野、晓东，中国作协会员、中国报告文学学会会员，四川广汉人。1968年应征入伍，历任38军112师战士、新闻干事、文化干事，《解放军报》编辑、记者，北京军区战友文工团创作员，国防科工委文化部、宣传部干事及政治部文艺创作室专业作家。

　　陈晓东1986年毕业于解放军艺术学院文学系创作专业，1990年加入中国作家协会，著有小说集《黑发上的竹叶》，文艺评论集《悄悄的痕迹》，报告文学集《春华秋实》，长篇报告文学《神火之光》《东北虎传奇》《将星红安》《翱翔太空》，电视剧剧本《科学巨人钱学森》《共和国之恋》《力挽狂澜》《他是将军》等，先后获得全国全军奖项20余次。

　　陈晓东在入伍后，创作了大量的诗歌、歌词和评论。1974年他被借调到《解放军报》工作，接连在《人民日报》《光明日报》《解放军报》等，发表了几十篇文章。

　　1984年，解放军艺术学院成立了文学系，首届在全军招了35名学员，陈晓东是其中之一。大学的学习期间，他如饥似渴专心听课、认真笔记、谦虚求教，广泛阅读了古今中外大量文学作品，他以优异成绩毕业。

　　解放军艺术学院毕业后，陈晓东陆续出版了长篇报告文学《神火之光》报告文学集《春华秋实》、评论集《悄悄的痕迹》和长篇报告文学《东北虎传奇》等多部力作，这些作品有的反映中国当代航天科技成果，有的反映中国军队的历史。他的作品《神火之光》荣获

1996 年全军文艺新作品奖，《东北虎传奇》获"金盾文学奖"。

陈晓东撰写的《科学巨人钱学森》荣获"共和国脊梁"全国报告文学大型征文特等奖。他撰写《一个追随爱因斯坦的人》，于 1987 年获得"当代军人风貌丛书"优秀作品奖。

陈晓东撰写的反映"神舟五号"的报告文学《翱翔太空》，2003年《报告文学》第 11 期刊出，《作家文摘》《广州日报》《春城晚报》《今晚报》《齐鲁晚报》《江南都市报》等十多家报刊转载。

2015 年，陈晓东积劳成疾，病逝于北京，年仅 59 岁。

（陈立基　撰稿）

萧培清

萧培清，人称"萧面人"，1890年出生于广汉，以做面人为生。萧培清做的面人栩栩如生。他制作的桃、李、枇杷、笋子虫、红海椒、小青花蛇等作品，尤其生动。20世纪初成都举办历年花会上，"萧面人"的作品多次获奖。萧培清1954年病逝，享年64岁。

（庄公白　撰稿）

朱子俊

朱子俊，1889年出生于成都纱帽街，1929年定居广汉县城，以说书为业。朱子俊，最拿手的书目是《三国演义》《精忠传》《水浒》《瓦岗寨》等。

20世纪50年代初，朱子俊多次参加曲艺演出，受到观众称赞。1959年，朱子俊病逝，享年70岁。

（庄公白　撰稿）

覃汉川

覃汉川，1915 年出生于广汉县西街。1930 年在广汉中学读书时，"二五起义"爆发，覃汉川随军搞宣传工作，起义失败后，就读成都师范附中。1935 年在北平期间，参加"一二·九"运动，加入中华民族解放行动委员会，积极投入抗日工作，后参加"民盟"，中华人民共和国成立后，覃汉川任民盟上海市委员和上海市政协第一届委员。1957 年被划为右派，1979 年平反。1984 年病逝于上海，享年 69 岁。覃汉川有多篇诗词、小说、杂文存世。

（庄公白　撰稿）

刘铭竹

刘铭竹，号江汉竹叟，四川三台人，毕业于武汉博文学院中文系，上海复旦大学历史系肄业。

刘铭竹自幼随父习书，取法颜真卿、钱沣诸家，并得翁同龢弟子颜弼臣亲授。刘铭竹书作饱满厚重、崇尚圆、大、光、润、多力丰筋，雄强大气。刘铭竹在广汉定居的数十年中，四川省访日代表团委托刘铭竹书写"一衣带水""中日和平友好"等书法作品赠送日本政府。刘铭竹作品曾获德阳市书法展赛一等奖、成都萃文阁主办的书法比赛一等奖，他曾被四川中国工合经济发展总公司书画院聘为名誉院长。他的作品被日本、美国等多国友人收藏，《刘铭竹书法艺术传略》载入《中国当代艺术界名人录》。1992年病逝，享年94岁。

（李永春　撰稿）

张海舟

张海舟，1912年出生于四川省崇庆县崇阳镇。1945年后以唱戏为生，先后拜张成波、叶兆祥为师，在温江、内江、绵阳等地演出。中华人民共和国成立后，张海舟先后任蜀声川剧团、广汉县人民剧团、广汉县川剧团、温江专区川剧团团长，温江专区艺术学校副校长，都江堰人民艺术剧院副院长等职。他的代表剧目有《苟家滩》《包公案》《孟姜女》《清凤亭》《五台山》《霸王别姬》《牛皋扯旨》《铡侄》等，1985年病逝，享年73岁。

（庄公白　撰稿）

曹国清

曹国清，1914年出生于四川省蒲江县树林镇。拜川剧艺人杨习之学戏，十年学成出科，主攻花脸，以后又拜师川剧名角多人，在川

西、川南一带演出。

1953 年被曹国清选为广汉县人大代表。他先后任新声川剧团团长、广汉县人民剧团团长、广汉县川剧团团长、都江人民艺术剧院川剧团团长。他的代表剧目有《拷陶》《巴九寨》《哭桃园》《开井田》《搬洞打珠》《许田射猎》《斩严世藩》等。曹国清于 1994 年病逝，享年 80 岁。

（庄公白　撰稿）

李绍坤

李绍坤，1932 年出生于四川广汉。自幼随父李天文学艺，17 岁即任广汉永玉剧团团长。1952 年后，历任广汉群众川剧团、彭县川剧团、温江专区汉剧团、广汉县汉剧团团长，1989 年退休。

李绍坤的代表剧目有《秦琼卖马》《斩辕门》《陆文龙》《杀狗惊妻》等。李绍坤在《金山寺》中饰演的韦驮出神入化，被誉为"活韦驮"。李绍坤于 2008 年 8 月病逝，享年 76 岁。

（庄公白　撰稿）

易　俗

　　易俗 1943 年出生于四川彭县。1956 年于彭县新兴小学校毕业，考入彭县川剧艺训班学习。1957 年先后在温江地区汉剧团、广汉剧团工作，1981 年任广汉汉剧团副团长，1985 年任广汉汉剧团团长。1986 年毕业于北京文化艺术中心校，1990 年 5 月调广汉市总工会。易俗 2003 年退休，2015 年 10 月病逝，享年 72 岁。

（庄公白　撰稿）

教坛名师

向凤鸣

向凤鸣，1911 年出生于广汉三水镇光明村。

向凤鸣 1928 年考入北京师范大学历史系，1932 年毕业后留校任教，还兼任北平中学史地教员。1935 年，赴日本东京大学研究院从事研究工作。抗日战争爆发后，愤然回国。1939 年任广汉县立乡村女子师范学校校长。

1940 年秋，广汉县立乡村女子师范学校从广汉县城迁到三水镇后，由原来只招收女生，改为既招女生又招男生，男生班招了 3 个，由 13 个女生班扩大到 16 个班，有学生近千人。1943 年至 1945 年期间，为躲避日军飞机轰炸，学校组织学生疏散，因组织有方，未发生过伤亡事件。向凤鸣关心关爱学生，性格谦和开朗，一有空就了解学生学习生活情况，对学生讲国家大事，学校除了上文化课，还教唱抗战歌曲，演出抗战戏剧。

1945 年 6 月 26 日向凤鸣因难产逝世。

（陈家德　撰稿）

任乾元

任乾元，字方臣，四川江油人。他长期从事教育事业，先后任广汉县副县长、德阳市副市长、德阳市人大常委会副主任等职，四川省第七届、第八届人大代表，德阳市民盟主任委员、四川省民盟常委，民盟五届、七届代表。

任乾元出生在一个书香人家，少年时勤奋好学，成绩优异，他参加学校演讲比赛，曾获"雄辩"第一名。1946 年，任乾元以学业第一的成绩毕业于江油高级农校。

1947 年起，他先后受聘于江油师范学校、广汉中学，教授数学、物理。1950 年，他供职于广汉师范学校。1952 年，任乾元到西南军政大学学习。1953 年任乾元任广汉师范学校代理副校长，在主持该校教学业务期间，他着力于师资培训、新专业设置，参与主持温江地区一些教学、教研活动，参加省厅组织的对中师部分教材和教学大纲的编审。

1973 年 8 月，任乾远到广汉"五七"学校任职员、教员。1976年 1 月他回到广汉师范学校任教，1978 年任该校教导主任，1980 年12 月当选为广汉县副县长。

1983 年德阳建市，任乾元当选为副市长，分管文教方面工作，同时兼任德阳市电大校长，1988 年 3 月被选为德阳市人大常委会副主任，分管教科文工作。

1993 年 1 月因病在去世，享年 67 岁。

（庄公白　撰稿）

戴小江

戴小江，又名戴传章，1912年出生于四川广汉。

戴小江

戴小江1940年至1944年任广汉县立初级中学校校长，1944年由四川省政府派驻广汉、德阳、金堂三县地方教育视导员。1951年至1953年4月任广汉中学副教导主任，后任语文教研组组长。

1953年，戴小江当选为广汉县人大代表、广汉县人民法院陪审员，并任广汉县第一届、第二届、第六届、第七届政协委员，期间还担任广汉县中苏友好协会会长。

1957年，被划为右派，开除公职。1979年2月平反。

戴小江在抗日时期，曾掩护过叶至善等同志在校进行的革命活动。他通晓英、法、德、俄四国语言，长期致力于教学工作，培养了大批优秀学生。

戴小江1993年逝世，终年81岁。

张遂因

张遂因

张遂因，四川广汉人，1908 年出生于广汉连山乡。1921 年张遂因广汉高等小学堂读"新学"，1927 年进广汉县立中学十七班读书，十九岁加入中国共产党。

1927 年至 1930 年期间，任中共广汉特支宣传委员、中共广汉县委组织委员、共青团广汉县委书记，被选为广汉、金堂、什邡学联负责人。1930 年秋，他考入四川师大文学院预科，同时在中共成华特委领导下从事地下工作。他在四川师大读书期间也因"共党嫌疑"被捕，但没有暴露身份和泄密，后与党组织失去联系。1933 年，张遂因转入四川大学文学院中文系学习，1936 年毕业后在成都、自贡、广汉、大邑各地中学教书，任大邑县教育科长兼县中校长，1948 年经陈初莞、陈平山介绍参加中国民主同盟，从事工作。

广汉解放后，张遂因在广汉中学、广汉师范学校任教。1957 年被划为右派，1980 年平反。

1983 年，张遂因出席"四川省民主党派工商联为四化服务经验交流会"。会后，他创办新民学校和"四川青年自修大学广汉辅导站"，面向广大青年职工，利用晚间星期天进行文化补课。

1983 年至 1986 年期间，先后有四千多人参加学习。新民学校被评为"德阳市职工教育先进集体"。1987 年张遂因于 79 岁高龄出任余晖中学校长。

张遂因于 1988 年获"四川省老有所为精英奖",1989 年出席"四川省第二届离、退休干部先进集体、先进个人表彰大会",1991 年被评为"巴蜀健康老人"。

2010 年 11 月,张遂因病逝,享年 102 岁。

(张人杰　撰稿)

刘雨涛

刘雨涛

刘雨涛，四川崇州人。1940 年考入四川省立成都中学，1943 年，刘雨涛考入了国立中央大学哲学系。在校期间，他主要攻读中国哲学史以及宋明理学。

大学毕业后，刘雨涛回到四川，在乐山师范学校教授历史、地理。后应国学大师、著名历史学家蒙文通先生之聘，到省图书馆任研究员，同时任成都市私立尊经国学专科学校教授。

1950 年至 1952 年期间，刘雨涛先后在崇庆中学、温江中学任教，1955 年到广汉师范学校教授，1957 年划为"右派"，1978 年 4 月平反，重回广汉中学任教。

1981 年至 1992 年刘雨涛受聘参与编写《广汉县志》。1980 年至 1986 年，刘雨涛任广汉市政协委员，同时，担任四川省中国哲学史学会会员、中华佛学文化研究中心理事。

刘雨涛先后在内地及台湾、香港等地的报刊上发表文史哲类文章四十余篇，参加高水平的国际学术会议六次，全国学术会议四次，省级和省际学术会议五次，出版三部学术著作，《江源心声——刘雨涛著作选》《〈山海经〉与三星堆文化研究》和《刘雨涛文存》。《江源心声——刘雨涛著作选》荣获 1999 年四川省中国哲学史研究会颁发的社会科学研究成果优秀奖，论文《秦与华夏文化》荣获 1990 年四川省中国哲学史学会颁发的社会科学研究优秀奖；论文《秦为西戎民族及其与中国历史文化之关系》荣获1994年四川省中国哲学史研究会颁发的社会科学研究优秀成果优秀奖。

刘雨涛哲学方面的代表作《朱子心性论研究》是他的大学毕业论文，在导师唐君毅先生的指导下完成。《朱子心性论研究》也得到了国学大师蒙文通、彭云生的好评。国际著名朱子学研究专家陈荣捷先生称赞："尊文井然有序，论据充足，所见高明，健羡之至。"

收录在《刘雨涛文存》中的几十篇文章中，儒学和理学方面的文章占了很大比重，其中关于朱子学的文章七篇。他两次参加"唐君毅学术思想国际研讨会"，宣读自己的学术论文，受到海内外专家学者的好评。

刘雨涛于2011年逝世，享年88岁。

（区小可　撰稿）

刘光坦

刘光坦

刘光坦，1942年生于金堂县大安乡。

刘光坦以优异成绩毕业于广汉师范学校后，留任广汉城关附小教书。改革开放初期，刘光坦白天在自己所在学校上课，晚上还要到民盟办的新民学校为职工上夜校。从1977年恢复高考制度到临近退休的25年里，刘光坦几乎全是担任高中毕业班的历史教学和班主任工作，他所教学生3000余人，考上大中专的，有一千余人。

刘光坦歌谣教学法，是他把教材编成学生易记易背的歌谣，通过形象记忆。他把讲台当舞台，把教师当演员，在讲课时手舞足蹈，抑扬顿挫，学生通过歌谣教学法，成绩有很大的提高。

刘光坦，教书育人，爱生如子。他博闻强记，上课多不带书，仅凭一根教鞭，一块黑板，讲、读、练，绘声绘色，津津有味。

1989年，刘光坦被评为"全国优秀教师"并授予优秀教师奖章。1990年，刘光坦所教班级高考平均成绩居德阳市第一，刘光坦荣获"德阳市优秀教师"称号。1992年，因教学成绩显著，刘光坦被德阳市教育科学研究所评为"学科优秀教师"。1993年，刘光坦被德阳市教育委员会评为先进个人。1994年，被广汉市教育委员会评为优秀教师。1997年，刘光坦获广汉市"教坛明星"称号。

2017年2月，因病逝世，享年75岁。

（秦世忠　撰稿）

陈守清

陈守清，1900 年出生于广汉县城。1924 年毕业于成都高等师范，先后在成都教小学、中学任教。1927 年任广汉县中学校长，1928 年 2 月加入中国共产党，在广汉中学创建共青团组织，安排了赖明果、张小飞、郭仕光等多名中共党员到学校工作。1930 年 12 月二五起义后，只身去往南京、上海等地。1939 年回广汉为曾甦元筹办力生中学、曾后小学。

1950 年陈守清任成都市第四区政府秘书，先后在重庆水利学校、重庆地质学校、昆明地质学校教书。1976 年在昆明病逝，终年 76 岁。

（庄公白　撰稿）

黎怀渭

黎怀渭

　　黎怀渭，1905 年出生于广汉三水镇中心村。1929 年进入四川大学文学院外语系学习，因能熟练背诵一万余个英语单词，同学们称为"肉字典"。1932 年四川大学毕业后被任命为广汉中学校长。他撰写的《广汉中学历史沿革》是有关广汉中学最早的史料，为广汉中学史料的健全、巩固做出了较大的贡献。1958 年被广汉市政协推荐去城关民中教书，教俄语兼总务工作，1961 年民中停办回乡务农。1980 年因病去世，享年 75 岁。

（庄公白　撰稿）

李君炜

　　李君炜，1915 年出生，四川彭县人。1939 年毕业于四川华西大学中文系，不久到川北大学任中文教师，20 世纪 50 年代到广汉师范学校教语文，直到 1975 年退休。

　　李君炜擅长书法，尤精篆书，是广汉书法协会顾问，作品曾选入"四川省文化厅书法新人新作展"。1993 年病逝，享年 78 岁。

（庄公白　撰稿）

王周金

王周金，1943年出生于广汉北外乡，毕业于四川师范大学数学系。1964年任民办教师，先后在北外小学、中学教书，1981年调入教师进修学校，转为公办教师，后升任教务处副主任、教科所副所长，主持全市教师继续教育的试点工作。1995年1月被评为数学高级讲师。王周金获得过多种奖励，1995年获得曾宪梓教育基金三等奖，是广汉市第一个获此荣誉的人。1996年病逝，享年53岁。

魏文海

魏文海，1919年出生于四川广汉。南京中央大学毕业，1950年参加工作，1979年12月退休，2003年1月因病去世，享年85岁。

1946年起魏文海分别在广汉女中、广汉师范、广汉力生中学任教。1950年任力生中学校长，1951年力生中学并入广汉中学，魏文海任广汉中学副校长。魏文海先后但任广汉县人大代表，广汉政协第一届、第二届委员，广汉政协第六届、第七届常委，1957年被划为"右派"，1978年平反。

严成志

严成志

严成志，1921 年 6 月出生于四川广汉。1948 年毕业于四川大学化学系，1950 年至 1956 年在广汉力生中学、广汉中学任化学教师，后调入四川省教育厅教科所任研究员，先后任中国教育学会化学教育研究会第一届理事、四川省教育学会化学教育会理事长、中国化学学会《化学教育》编审。严成志是我国中学化学界有影响的教学研究人员，发表有影响的文章 50 余篇。1981 年退休，2006 年因病去世，终年 60 岁。

（庄公白　撰稿）

余正堃

余正堃，1928 年出生于广汉。1952 年在广汉中学任数学老师，1988 年退休后返聘回校任学校顾问，负责高考补习班工作。余正堃在广汉中学教书五十八年，成绩显著，被评为四川省劳动模范，他主持开办教仪厂。余正堃曾担任广汉市政协副主席。2014 年 3 月因病去世，终年 86 岁。

（庄公白　撰稿）

喜心德

　　喜心德，1938 年出生于广汉县城关镇。1955 年广汉中学毕业后，考入西南师范大学。1957 年被划为右派，1978 年平反。1982 年调回广汉中学教化学，担任补习班班主任。他倾注全力工作，先后获得"全国优秀教师"和"省劳模"的称号，并被选为德阳市人大常委会副主任。1998 年退休，2015 年 10 月病逝，享年 77 岁。

（庄公白　撰稿）

医卫名家

郭　玉

　　《后汉书·方术列传》记载：郭玉是广汉郡雒城人。汉明帝永平年间，蜀中瘟病流行，郭玉有感于乡亲和家人死于瘟病而决心学医以救世人，求拜名医程高为师。

郭玉

　　程高见郭玉勤奋好学，带他去见自己的老师涪翁。郭玉受到名家涪翁的指点，学习医技，他苦读三年，又随涪翁行医。涪翁临终前把自己多年的医道总结——《针经》《诊脉法》传给他。郭玉又用自己的临床经验，对这两部书的不足部分给予了补充和完善。太医院太医令听说后，奏明和帝，和帝随即任命郭玉为太医，并派马太医到雒县迎接他入京，到太医院就职。

　　郭玉入宫，时逢张贵妃旧病复发，肚腹胀大，昏迷不醒，众太医束手无策。皇上命传郭玉诊病，张贵妃按郭玉的处方服药、针灸，半月病愈。郭玉还为百姓治病，被百姓称为"活菩萨""小扁鹊"。

　　和帝鼓励这位精通医学、胸怀百姓的医生，提拔郭玉为太医丞。郭玉在太医院供职长达四十余年。郭玉在太医院忠心尽职，历经和帝、殇帝、安帝三朝。

（李成元　撰稿）

黄国安

黄国安，字文太，广汉南兴镇东和村人，生于 1879 年。黄国安幼时入私塾读书，两次应试未举后，随父黄廷杰习医。1914 年至 1917 年，中兴场连遭匪患，为避匪难，黄国安开馆于彭县蒙阳镇东街李宗熙家，设帐授徒。他潜心研读医籍，博览金、元四大医学，对张仲景《伤寒杂病论》有独到见解。他善于使用张仲景方剂，又不泥古，能随症加减化裁，运用自如。通过望、闻、问、切的细致诊断，他开的处方用药少而精，被老百姓称为"黄八味"。

黄国安不仅医术高，其德尤高，对贫苦病人不收诊费。他遇到无钱购药的病人，药费也不收；死后无力安葬的病人，施给棺木。乡里父老因此赠送他"乐善好施"匾额。

黄国安先生性耿介，刚正不阿，安贫乐道，为乡里所敬重。

陈离驻防广汉时，曾患病得黄国安治愈。陈调离广汉时，聘请黄国安随军任医职，酬以高薪。黄国安淡泊名利，婉言谢绝。

1926 年，黄国安被推为中兴乡团总，任职期间，改建川王宫，创办中兴乡第七小学校。后被诬告下狱，不久获释。

黄国安喜诗文、善辞赋。感时伤世，刺贪刺吏。

黄国安行医数十年，邻近及远道求医者，应接不暇，却仅守祖业薄田八亩，茅屋数间，余无长物。

1956 年，黄国安双目失明，但他依然切脉寻诊。1960 年黄国安病逝，享年 82 岁。

（秦世忠　撰稿）

钟育才

钟育才，名世贤，1910 年生于广汉名传城。少年入私塾读书，1927 年随其父钟俊和学医。1933 年，钟育才开业行医，常在处方签上注明病者脉象、症状等，用于观察病情变化和印证疗效。钟氏医术四代家传，长于治疗温病、伤寒、疝气等杂症。钟育才尤擅妇科，群众中有"妇女病只要钟老师带个信都要好一半"的赞誉。钟育才使用的中药避孕法，经成都中医学院调查统计，有效率达 75％。

钟育才诊病细致，贫苦人治病，常免收诊费。1940 年，钟育才任县医师公会主席。1952 年，钟育才和唐爱之共同组建联合诊所。

钟育才连任广汉县一至六届人大代表。1955 年起，先后任广汉县人民委员会委员和广汉县人民委员会卫生科副科长，文卫局、卫生局副局长。钟育才任职后仍在午前到中医研究所应诊，并带学徒 3 人传授医术，在下乡检查工作或支农期间，也给人治病。1961 年，广汉中医研究所编印的《中医研究汇编》，载有钟育才医案多例。

"文化大革命"中钟育才受迫害自杀，年仅 56 岁。1978 年 12月，平反。

（庄公白　撰稿）

127

黄超和

黄超和，1910 年生于福建省漳平，广州夏葛医科大学毕业。1943 年 2 月，日本飞机空袭福建，黄超和到成都寻夫。经介绍，1943 年 10 月，黄超和到广汉卫生院担任主任医师。1945 年离开县卫生院，在家开设诊所。

黄超和精于妇产科，是 20 世纪 40 年代广汉推行新法接生的先驱。1946 年 1 月，她在广汉南京路开办美娜医院，设病床 6 张，收住产妇，兼看门诊和上门助产。黄超和参加川西土改卫生队，在广汉乡下为群众治病，同年底调至县人民医院任妇产科、儿科负责人。1952 年至 1966 年间，连任城关镇人民代表。1961 年调城关医院任妇产科主治医师兼理西医内科。黄超和先后为医院培养助产士 6 人，为乡镇培养接生员 100 余人，曾多次被评为县先进卫生工作者。

1973 年 3 月，黄超和病逝，享年 63 岁。

（庄公白　撰稿）

杨　进

　　杨进，1910年出生，籍贯安徽省萧县蔡洼。杨进父亲杨荫民督促引导，发奋读书，因成绩优异，考入山东省立医学专科学校。七七事变后杨进怀着忧国之心，为抗日救国，经同学介绍到新成立的第五十军后方医院，做了一名上尉军医。

　　抗日战争山东省立医学专科校因躲避战乱迁往四川万县，杨进为完成学业，又回到迁入万县的本校复学。毕业后，分配到驻当地的军政部第十军医院实习，任上尉军医。

　　杨进又转往成都空军士官学校医务室，任少尉军医，因为厌恶国民党军队的腐败，毅然辞职。经多方辗转，杨进进入了广汉医院。当时的广汉医院是由陈离从他的旅部卫生所分出一些人员和设备成立，条件十分简陋，只设有西医外科、内科两个科室，医生连宋院长才4个，护士4人，加上后勤总共才十余人。杨进发挥自己的特长，协助院长整顿扩大医院，并开办培训班，在医院的医生、护士经过培训后，又向社会招聘医生护士数名，先后建立起儿科、五官科、牙科、泌尿科等科室，外科扩大后，又分出骨伤科，可以做阑尾切除等一般手术，慢慢地广汉医院在附近几个县名声大振，附近县的病人来广汉医院求医的也多了起来。

　　经过几年发展，广汉县医院已成为在川西小有名气的综合医院，杨进担任副院长，全面负责医院的业务工作，广汉医院进入了蓬勃发展期，1952年杨进任广汉医院院长。"文化大革命"开始后，杨进主动辞去院长职务，全心全意在门诊部任医生给群众看病。

杨进是历届县人大代表，后被选为县政协委员，县政协常务委员。杨进才退休后还在家中义诊。临终前几天，他还带病给群众诊病。1990年杨进因病去世，享年80岁。

（庄公白　撰稿）

张玉峰

张玉峰，又名张荣恩，生于 1907 年 11 月，广汉市高坪镇人。从小受出身医家的母亲王氏影响，张玉峰爱上医药事业。1927 年，张玉峰随外公王日俊学中医，四年满师后，开始与李仁杰合伙跑江湖摆药摊。1935 年，张玉峰在广汉烟市街聚春堂药铺坐堂行医。

张玉峰

张玉峰擅长医治妇女乳疾。他医德高尚，不阿谀权贵，亦不鄙视贫贱，每逢家境贫寒者，少收或不收诊费、药费。1948 年被同行选为县医师公会理事。

1956 年张玉峰到县人民医院工作，1958 年调县中医研究所工作。1969 年 10 月县中医究所与城关四个联合诊所合并成立城关卫生所，张玉峰在此工作直到退休。

张玉峰历任广汉县人大代表、卫生工作者协会副主任委员、县中医研究所副所长、县中医学会理事长、温江地区中医学会理事和县人民代表、县政协常委、县人大常委会副主任、省人大代表等职。张玉峰坚持到医院应诊，带徒授业，并总结自己和搜集整理他人从医经验，著书立说，以传后世。出版的《中药大词典》曾选载张玉峰的《修订增补天宝本章》中有关章节及药方。重庆、上海等地征集了他编著的《新编草药方并歌诀》用于临床。张玉峰撰写的《中国验方集》《流行乙型脑炎三字诀》《湿温病》《疟疾》《钩虫病治疗法》《雏

医内案》《沈绍九医案》等十几种学术专著在国内各医学刊物上发表，进行学术交流。

1994 年 3 月，张玉峰病逝，享年 87 岁。

（庄公白　撰稿）

唐爱之

唐爱之，名前恩，1884 年生于广汉南丰场唐家巷子。16 岁时到兴隆场拜中医周雍臣为师，3 年满师后在南丰场开业。1919 年，迁居县城槐树街，在街邻泰和春药铺坐堂行医。20 世纪 40 年代初，在中大北街永康药房行医。

唐爱之擅长温病、霍乱和小儿癫痫等症的治疗。1945 年，广汉霍乱流行，大胆使用寒凉药竹叶石膏汤、蚕矢汤和人参白虎汤等加减治疗，使霍乱患者很快痊愈。唐爱之对待病人，不分贵贱均悉心治疗，经济困难者还免收诊费。每年夏秋，中医师公会组织义务送诊，唐爱之都积极参加。1943 年，唐爱之被选为广汉县中医师公会常务理事。1945 年，唐爱之当选中医师公会理事长，又被选为县参议员。

1951 年，唐爱之当选为县卫生协会主任委员。1954 年，又被选任县人大代表。从 1955 年起，连续六届当选为副县长。1977 年，唐爱之病逝，享年 93 岁。

唐爱之生前培养出一批学生，并先后整理编写出《霍乱经验》《临症治验》《经验药歌》《集案实录》等医著。1983 年 12 月，广汉县唐宗海学术研究会根据唐爱之的手抄本将《六经方证中西通解》刊印发行。

（庄公白　撰稿）

133

易伯育

易伯育，1914 年出生于广汉县。成都陆军卫生学校毕业后，在部队任军医，抗战胜利后回广汉开诊所。1958 年成立城关医院，易伯育任院长。易伯育期间先后任广汉政协一至六届委员，德阳市第一届人大代表，广汉市卫生协会名誉主席。

易伯育退休后还坚持医院出诊，一生从事医疗工作近 60 年，诊疗的病人有数万名。1994 年 5 月因病去世，享年 80 岁。

（庄公白　撰稿）

王世开

王世开

王世开，1908 年出生，四川广汉人。广汉县医院第四任院长，同济大学医学院毕业。1939 年接任广汉县医院院长，1940 年地方医院改组为广汉县卫生院，王世开继续任院长。1941 年 6 月王世开辞职。

离开医院后，王世开和夫人彭高廉在广汉开医馆出诊，中华人民共和国成立后，王世开夫妻二人被绵阳市人民医院聘去任内科、妇产科主任，直至退休。1992

年王世开因病去世。

（庄公白　撰稿）

宋　毅

宋毅，1912 年出生于四川广汉，同济大学医学院毕业。1945 年任广汉县医院院长。宋毅任职广汉县医院院长的七年中对广汉医院的发展壮大做了大量的工作，他亲自上课，培养出大量的医护人员。1952 年离开广汉到内江市人民医院任内科主任直至退休。2002 年因病去世，享年 90 岁。

宋毅

（庄公白　撰稿）

其他

严君平

严君平，本姓庄，避汉明帝讳改姓严，名遵，亦作尊，字君平，临邛（今成都邛崃市）人。西汉隐士、著名学者、老子研究家。

严君平

汉成帝时，严君平在成都及川西各县城白天为人卜卦算命，以解衣食之忧，晚上则闭门研究《老子》，或与弟子授课，或著书立说。严君平一生淡泊名利不愿为官，为当时著名文学家扬雄所敬重。

严君平的传世之作有《道德真经指归》十三卷，现仅存七卷，是我国研究《道德经》、研究老子的经典名著，具有很高的学术价值。

严君平在雒县居住的时间较长，影响深远，留下了"君平街"和"卜卦台"的历史遗迹。雒城的中心在城北，有一条街叫君平街，街名就是后人为纪念当年严君平在此居住而取的。君平街的街头有条河，河畔有个土台，是当年严君平为人卜卦的地方，人们称它为"卜卦台"。此处后成为汉州八景之一的"卜台示印"而流传至今。

（李成元　撰稿）

妙 轮

妙轮

妙轮，俗名曾德刚，1905 年出生于广汉金轮乡。五岁时进私塾读书，后因病辍学，父母把刚满九岁的曾德刚送到德阳川主庙当和尚。

川主庙的住持常乐长老是德才兼备的高僧，能文，善行书、草书。南海普陀山法雨寺方丈来信，邀请常乐去讲经说法。常乐行前叫曾德刚到藏经楼挑选经书，学习佛经。

宝光寺的方丈贯一大师，为曾德刚削发受戒，收他为徒，取名妙轮。妙轮独居后院一间僧舍，钻研佛经、练字。

妙轮满二十岁，担任寺中维那。

1939 年，23 岁的妙轮继任宝光寺方丈。妙轮任方丈十年期间，传戒弟子一千多人，培修罗汉堂和舍利塔，增置庙产，深受庙内外僧众称赞和爱戴。

广汉城西南面新丰镇的龙居寺，相传为唐代禅宗八祖马祖道一所建。广汉人经商议后，礼请妙轮回龙居寺任方丈，恢复龙居寺往日的盛况。妙轮毫不推辞，回到龙居寺后，请能海法师来寺讲经说法，定期与俗人削发受戒，广收弟子。妙轮将收入全部用来培修龙居寺，一年多的时间就恢复了龙居寺的香火盛况。

1951 年妙轮又跟能海法师去汉口讲《维摩经》《百喻经》等佛经。1952 年 5 月，妙轮任五台山广济茅蓬方丈。

1967年，62岁的妙轮，被山西"红卫兵"押回广汉金轮乡老家监督劳动。1976年妙轮病逝，享年71岁。1980年，山西省政协为妙轮法师平反。1983年，宝光寺为他修建骨灰塔，并撰镌塔志铭。

　　　　　　　　　　　　　　　　（李成元、 罗南　撰稿）

莫定森

莫定森

莫定森，字茂如，生于 1900 年，广汉县城关镇人。1915 年至 1918 年期间，莫定森在书院街广汉中学求学，中学毕业后，在成都留法勤工俭学预备学校读书学习法文，并以优异成绩考入上海震旦大学深造。

1920 年莫定森远渡重洋，赴法国勤工俭学，在里昂大学专攻稻麦学，并获理科硕士学位。1927 年学成回国，历任广西尚实业研究院技师、南京国立中山大学农学院副教授兼麦作技师、上海国立劳动大学农学院教授、浙江农业改进所所长兼英士大学农学院院长。

1949 年后，莫定森历任农业部粮食生产司副司长、浙江省农业厅工程师、农业部粮食生产司副总工程师兼稻作处处长、东北农学院副教授、教授。1971 年退休后到浙江绍兴定居。1980 年任绍兴县农学会名誉理事长。

莫定森长期从事农业科学研究，造诣颇深，是我国知名的农业科学家，是老一辈的稻麦专家。他先后育成了优良稻麦品种十多个，如晚粳 10509 号、东农水稻 4 号等。莫定森在总结长期实践的基础上著书立说，1929 年，莫定森在广西梧州写成《实用植物学》专著，由中华书局出版发行，在中央大学农学院任教时，又撰写《稻麦学》《中国特殊作物栽培学》两部专著和《全国小麦栽培情况调查报告》《小麦杂交技术》等学术论文。

中华人民共和国成立后，农业部农业生产总局颁布了《关于南方水稻地区单季改双季，间作改连作，籼稻改粳稻的初步意见》，各省参考推行。1959年在东北农学院时又与李兆方合编《水稻栽培》《作物育种》。1979年7月莫定森撰写了《七年来小麦育种工作总结》。数十年来，莫定森以他的农业理论和实践，为我国的农业科学和农业生产的发展，做出了巨大贡献。

莫定森在大学任教期间，治学严谨，教育有方，为我国培养了大批农业科技人才。莫定森退休后，仍决心解决浙江省农业生产上的问题，他不顾年迈多病，在绍兴华舍公社利用自己的退休金，租地买肥，从事小麦杂交育种研究。他数年如一日，终于育成颗粒大、生长期短、抗赤霉病能力强的华麦一号、二号、四号、六号四个小麦新品种，在浙江普遍推广。

1980年5月莫定森病逝，骨灰安放在北京八宝山革命公墓。

（庄公白　撰稿）

李真祥

李真祥

李真祥，又名李文定，1907年生于广汉雒城镇。李真祥少年进入西街徐筱亭棉纱铺当学徒。经过几年努力，他扩大了资本，不光经营棉纱，还做布匹生意，开染坊、开当铺、开钱庄，又在成都、金堂等地做起粮食生意，是当时广汉最大的资本家。

四川解放前夕，李真祥把自己所有财产登记造册交给共产党支持新政府成立。他捐了城里4院房产、染房（印染厂），广汉、成都及以外所有商号、当铺、钱庄等。他的义举带动了广汉商界的工商业者积极捐献财产支持新政府。

李真祥受政府邀请出任广汉工商联筹委会主任。他还筹备银行，先后任广汉抗美援朝工作委员会主席。在反右斗争中，李真祥受到不公正待遇。1979年，李真祥得到平反，1981年李真祥任广汉市政协副主席。

（王和春 撰稿）

通　慧

通慧，俗姓唐，名振帮。1922年3月出生于四川省蓬溪县蓬莱镇北路兴贤甲东北黄家庙。通慧自幼聪慧，随父母吃素奉斋。1931年在蓬溪金文寺依普净法师出家。1940年于宝光寺从妙轮和尚进入龙居寺。

通慧法师

1986年12月，龙居寺喜获政府开放，由通慧主持寺务。通慧对整个寺庙建筑进行了全面整修，新建了罗汉堂、大雄宝殿、藏经楼、住宿楼，恢复重建了山门、地藏殿、天王殿、钟鼓楼等。大邑县、大英县几处寺院的缅甸玉佛菩萨像，也由通慧从缅甸请回捐赠的。

通慧发扬佛教优良传统，注重培养僧才，座下弟子数以百计。通慧深得德阳、广汉佛教界僧尼和居士的推崇和爱戴。他曾往缅甸、云南、广州、成都等地弘法，信众基础深厚。

通慧一生持戒严谨，学修并进，光明磊落，爱国爱教，他每年向新丰、松林、小汉等中小学捐资助学，扶持贫困弱势群体。他坚持正信，反对邪教，为佛教事业的发展做出了巨大的贡献。

通慧，曾任广汉市第七、八、九届政协委员、广汉市佛教协会名誉会长、龙居寺主持。2013年2月26日通慧在龙居寺禅房内安详圆寂，享年92年。

（秦世忠　撰稿）

145

陈福宽

陈福宽，1917 年生于湖北黄陂。由于家境贫寒，在基督教教会学校读书，他学习刻苦，成绩优异，1933 年考入河南省第一高中。抗日战争爆发后，陈福宽投笔从戎，考入黄埔军校 14 期。军校毕业后，陈福宽进入中国抗日远征军入缅甸作战。战争结束后，他回到广汉。

陈福宽是虔诚的基督教信徒，政府宗教部门特意请他帮助广汉教会恢复宗教活动，他辛勤工作，成立了广汉基督教民主管理小组，后又成立了广汉市基督教爱国委员会和广汉市基督教自主管理协会（简称"两会"），他任两会主任。1989 年 4 月，四川省基督教两会任命陈福宽为广汉教区牧师。陈福宽引导信徒走宗教和社会主义社会相适应的道路，要求信徒、爱国爱教，遵纪守法。1993 年陈福宽担任广汉市政协委员，德阳市基督教两会名誉主席。

2005 年抗日战争胜利 60 周年之际，四川省委统战部、给陈福宽颁发了中国抗日军人荣誉证书和奖章。

2005 年 9 月陈福宽因病去世，享年 88 岁。

（王和春　撰稿）

莫诗富

莫诗富（1939 年—2015 年），曾任广汉县西高公社 5 大队 2 队生产队长。早在 1976 年，他就率先领导社员进行联产承包责任制。

莫诗富

1975 年，生产队年终收入决算，5 大队 2 队每个劳动日仅值 8 分钱，莫诗富是生产队长，一家 6 口人 3 个劳动力，全年挣下的工分，还买不回一家人的基本口粮，只好向生产队挂账借钱买粮。

1976 年春天，莫诗富召集西高公社社员开会。各家各户出一名代表，协商讨论把全生产队的劳动力、农具牲畜以及生产任务相对均衡地分配到三个作业组。社员推举了三名有威信的"全劳力"担任作业组组长，三个组长带领社员进行劳动生产任务。这一举措极大地调动了社员的积极性。

1976 年决算，5 大队 2 队每个劳动日单价从 8 分钱提高到了 1.05 元，生产队粮食总产量从 28 万斤增产到 36 万斤。广汉县委书记常光南了解到在西高公社 5 大队 2 队分田到作业组而使农业丰收的事后，总结为"五统五定生产责任制"。

广汉将包产到组，实现丰产的情况汇报到省里，得到了省委的肯定，省委同意广汉在一个公社试点推开。

西高公社 5 大队 2 队分田包产到组，为中国农村经济体制改革进行了大胆的率先尝试，积累了宝贵的改革经验。生产队长莫诗富这一创举，使他载入中国农村改革的史册。

（陈立基　撰稿）

郑 躬

郑躬

郑躬，西汉时，广汉郡雒县东山人。郑躬是东山石门堰的一名石匠，气力大，手艺好，勤劳肯干，乐于助人，办事公道，声名极佳，人称其为"郑公"。

汉成帝阳朔年间，因调解民事纠纷，郑躬得罪了石门堰的亭长，被迫迁居百里之外的金堂县葫芦口。汉成帝鸿嘉四年（公元前17年），益州富商罗衷看上了葫芦口的金沙，以重修鳖灵祠和新修水码头为借口，用五百两银子的辛劳费和每户二十两银子的搬迁费，买通雒县县令。县令以每户五两银子的搬迁费，强令六十多户居民一月内迁出。村民推举郑躬到县衙陈情，县令却以"叛逆罪"将其押送广汉郡治梓潼严惩，将不愿搬迁民众的民房焚烧，村民愤起反抗惨遭到镇压，获罪村民一同押往广汉郡治。郡守判处郑躬死刑，秋后问斩。

同时被捕的六人商议造反，趁狱卒不备，砸开脚镣，杀死狱卒，冲进死牢，救出郑躬。村民举推郑躬为大哥，并打开牢门，领着百余名囚犯，打开武器库，冲进府衙，杀了广汉太守全家，竖起造反大旗。梓潼和近县饥民及流落此地的灾民，闻风而来，不到半月，则聚众三千余人。起义军先后攻下了当时的广汉县（其地在今射洪、遂宁、蓬溪、潼南一带）、郪县，葭明县等四县。

郑躬率领的起义惊动了朝廷。汉成帝急调河东都尉赵护任广汉太守，领兵三万余人，镇压起义军。在官军的残酷镇压下，起义失败，公元前 10 年，郑躬遇害。

郑躬带领的农民起义在四川历史上留下了浓重的一笔。郑躬也被史学界誉为四川历史上第一位农民起义领袖。

（李成元　罗永成　撰稿）

周素德

周素德，1894 年出生于广汉。周素德 20 岁时嫁给刘某，刘某不幸早亡。周素德孀居二十余年，靠纺线和给人洗补衣服为生，辛苦劳动，生活节俭。1939 年 12 月，她毅然将积攒的一百五十个银圆全部支援抗日战士，做棉衣。当地驻军 126 师和地区专员均送匾表彰她。20 世纪 50 年代末周素德因病去世。

（庄公白　撰稿）

燕道诚

燕道诚，广汉县中兴乡月亮湾的普通农民。1929 年春，他与儿子燕青保在家门外安水车龙架时，发现了一件白玉石环，之后又陆续

发现了大堆玉石、玉器共计 4 百余件。燕道诚一家不经意地揭开了三星堆古蜀遗址之谜。1951 年底，燕道诚将这批宝物捐赠给了广汉政府。

（庄公白　撰稿）

代木儿

代木儿

代木儿，原名代昌明，广汉市连山镇人。年轻时在连山供销社饭店任主厨，对回锅肉的制作很有研究，炒出的回锅肉深受食客称赞。

20 世纪 80 年代初，连山供销社饭店装修门面，制作招牌时，正式打出"连山回锅肉"的名字。1998 年广汉物资交流会上，"连山回锅肉"一举轰动了广汉饮食行业。在西安召开的中国食品博览会上连山回锅肉被评为"中国名菜"。连山回锅肉后被评为广汉市首批非物质文化遗产。2010 年代木儿因病去世。

（庄公白　撰稿）

后　记

陈修元

政协广汉市委员会决定编撰《广汉历史人物传略》一书，广汉历史名人众多，我们以什么标准来衡定入选者？马克思曾说："人的本质不是单个人所固有的抽象物，在其现实性上，它是一切社会关系的总和。"人是一种历史性的存在。我们经过认真讨论，坚持用马克思主义的历史唯物主义观点和辩证法来评价选择历史人物。历史唯物主义在肯定人民群众是历史的创造者这个前提之下，承认杰出人物的活动对于推动历史的发展进程具有重大的作用：历史人物是历史事件的当事人和策划者，是历史任务的发起人和组织者，是历史进程的影响者，可以加速和延缓历史任务的解决。在认识和评价历史具体人物时，我们根据他们对历史发展、社会进步客观上所起的推动作用或阻碍作用，对人民有利还是有害作为我们评价历史人物予以肯定或否定的基本标准。

我们在编撰本书时，参阅了历代《汉州志》和有关历史资料，选择广汉历史上产生过重大影响、做出过突出贡献的人物。进行梳理，列出入选名单，聘请广汉市文史资料员按照统一的标准进行编撰，付梓出版。

历史人物是一面镜子。广汉历代人物的事迹对于今天的我们有着重要的启迪和激励作用，他们的人格魅力以及推动历史前进和社

会进步的业绩值得后人传承与发扬。

2018 年 7 月 10 日

（作者为政协广汉市第 15 届委员会常委、文史委主任、《守望广汉》丛书主编。）